社長、採用と即戦力の育成はこうしなさい！

株式会社武蔵野代表取締役社長
小山昇

プレジデント社

はじめに

かつての武蔵野は、日本で一番入りやすく、日本で一番人が辞めていく会社だった

１９８９年、私が「株式会社武蔵野」の社長になったとき、わが社は離職率の高い「漆黒のブラック企業」でした。

「採用する→辞める→採用する→辞める→採用する→辞める→採用する→辞める→採用する→辞める→採用する→辞める→」のループが続き、まったく人が定着しなかった。

人がすぐに辞めてしまう原因は、おもに「２つ」ありました。

①採用の仕組みがなかったこと

②社員教育の仕組みがなかったこと

当時は、「来る者は拒まず、去る者は追わず」でした。

「運転免許証を持っていて、点数が2点以上残っている」

「明日から出勤できる」

「日本語が話せる」

この3つをクリアしていれば、全員、合格です（笑）。

面接時間は、長くても5分。履歴書はアテにしませんでした。なぜなら、平気で嘘を書いてくるからです（笑）。


あのころの武蔵野は、「日本で一番入りやすい会社」だったと思います。

採用基準がありえないほど低レベルで、「どこの会社にも入れなかったプータロー」や、「定職に就いたことのないフーテン」がこぞってわが社に集結しました（笑）。

猫の手も借りたかったので採ってはみたものの、社員を定着させる仕組みがなかったため、多くの社員が辞めていきました。

それでも、佐藤義昭（取締役）と中嶋博記（取締役）のように、何人かは奇跡的に残り、大化けして、現在、わが社の大幹部に成長しています。

佐藤と中嶋の場合は、

「武蔵野に入るまでは、まともに仕事をしていなかった」

ことがプラスに働きました。

彼らは、何色にも染まっていなかった。他の仕事や他社を知らないため、武蔵野のやり方に疑問を持たなかったからです。

私の言うことを素直というよりも嫌々ながらしかたなく（笑）受け止め、吸収し、実践した。その結果、私と価値観が揃ってきて、小山昇と同じように考えるようになった。価値観が揃えば、社長と同じ優先順位で行動できるため、スピード感をもって業務を進めることが可能です。

わが社には、大卒も、高卒も、元暴走族もいますが、全員が小山昇と同じに考え、同じように行動できる。だから武蔵野は強いです。

中小企業が「新卒社員率5割」を目指すべき理由

1993年、新卒採用（大卒）をはじめたのは、既存の社員（旧勢力）や中途採用だけでは、組織の改革が進まないと判断したからです。

会社の業績を伸ばすには、佐藤や中嶋がそうだったように、

「何色にも染まっていない人材」

「社長の決定にしたがい、即座に行動できる人材」

が必要です。

そこで私は、新卒採用に踏み切りました。

中途採用は即戦力になる半面、価値観を共有するのに時間を要します。前職のスタイルを捨て切れないからです。

旧勢力は、改革を嫌います。

「ラクができなくなる」からです。

一方で、新卒社員は、前職の経験がない分、小山昇の価値観、文化、仕事のやり方をスムーズに体得できます。

新卒社員が全体の5割を超えたあたりから（2010年以降）、風向きが少しずつ変わりはじめました。

方針を速やかに実行する人材が増えたことで、組織の新陳代謝がうながされました。その結果が、業績の向上となってあらわれた（2010年以降は、毎年2ケタ成長）。

2020年までの28年間で、新卒採用人数は412名。在籍者は226名。在籍率は55％です。

現在、入社3年以内の離職率は5％で（2017〜2019年まで）、武蔵野は、「日本一、人が辞めていく会社」から「新卒社員が辞めたがらない会社」へと成長しました。

新卒の定着率が向上したのは、2003年以降です。2002年までの新卒在籍率は、惨憺（さんたん）たるありさまでした。

とくに1993年、1995年、1999年はひどかった。この年に採用した新卒社員は、ひとりも残っていません。在籍率の低さと連動して、経常利益も停滞しました。

ところが、2003年以降は在籍率が跳ね上がり、それにともなって売上・経常利益ともに右肩上がりが続いています。

新卒社員の在籍率が向上した要因は、

「優秀かどうかではなく、気が合うか、合わないかで採用する」

「価値観を揃えるための社員教育を徹底する」

「お酒を楽しんで飲む」

という方針を明確に打ち出したことです（第4章で詳述します）。

会社の実力は、社員の学歴ではなく「社員教育の量」で決まる

今は、私も応募者の履歴書をたまに見ますが（笑）、それでも「学歴欄」には、ほとんど目を通しません。

なぜなら、社員の実力も、会社の実力も、学歴で決まるわけではなくて、入社後の「社員教育の量」で決まるからです。

２００３年以降、業績が上がったのは、社員教育を徹底して、「社長と社員の価値観を揃えること」に注力したからです。

新入社員の学歴がどれほど高くても、教育をしなければ衰えるだけです。

「国立大学を卒業したものの、入社後まったく勉強をしなかった社員」と、「聞いたこともない大学を卒業して、入社後に10年、20年、30年と勉強をし続けた社員」では、後者のほうが戦力になります。重要なのは、入社をしてから（内定が出てから）の勉強の量です。


採用事業部の浅岡広季と、クリーンサービス事業部の伊藤達也は、くしくも高校時代の同級生です。

２０１４年の同時期に、浅岡は新卒で、伊藤は中途で入社しました。

浅岡は高校時代を振り返って、次のように話しています。

「まさか、伊藤が武蔵野にいるとは思わなかったので、びっくりしましたね。学校の成績は、圧倒的に伊藤が上。彼は優等生で、自分はダメ高校生でした」

現在、浅岡と伊藤の立場は逆転しています。浅岡が上で伊藤が下です（期ごとに社員の序列を決め、経営計画書に記載しています）。

ダメ高校生だった浅岡が、優等生だった伊藤よりも早く課長になれたのは、浅岡のほうが「勉強の量が多かったから」です（現在は伊藤も仕事のやり方を変え、見違えるほど結果を出して課長に昇進しています）。

ブラック企業だった武蔵野がホワイト企業に変わることができたのは、「新卒採用」によって、次のような好循環が生まれたからです。

①新卒採用をする（気が合いそう、価値観が合いそうな人材を見つけて、入社させる）。

↓

②内定期間中から社員教育を行い、価値観をさらに合わせていく。

（新卒は前職の経験がないので、価値観を合わせやすい）

↓

③価値観が合えば合うほど、人が辞めない。

（社員が社長と同じように判断できるようになる）

↓

④全社員の中で、新卒社員の占める割合が多くなる。

⑤組織が活性化される。

↓

(改善のスピードが速くなる。社長の決定をすみやかに実行に移せる)

↓

⑥改善が進むので、業績が上がる。

↓

⑦業績が上がるから、たくさんの新卒社員を採用できる。

↓

①に戻る

「新卒社員を採用し、長く在籍させ、新卒社員の割合を増やしてきた」から、わが社は「超高収益体質」を手に入れることができた。

新卒採用に力を入れない会社は生き残れない

中小企業の多くは、新卒採用に消極的です。

「大企業の知名度には勝てない」

「中小企業の採用競争力は大企業に劣る」

「新卒採用に費用がかけられない」

「満足な時間が確保できない」

「新卒採用は割に合わない」

といった理由からです。

ですが私は、

「新卒採用に力を入れなければ、中小企業は生き残れない」

と確信しています。

新卒採用は組織に活力をもたらします。何色にも染まっていない人材を採用し、「会社の色」に染め上げることが経営者には求められています。

では、どのようにして新卒採用をはじめたらいいのでしょうか。

新卒社員を戦力化するために、どのような教育を施せばいいのでしょうか。

社員の離職を止めるために、どのような仕組みをつくればいいのでしょうか。

その答えのヒントが、本書です。

本書が人材不足に悩む経営者の助力となれば、これほどうれしいことはありません。

最後に、執筆のお手伝いをしてくださったクロロスの藤吉豊さんと、企画の発案をしてくださったプレジデント社の濱村眞哉さんに感謝を申し上げます。

株式会社武蔵野　代表取締役社長　小山昇

『社長、採用と即戦力の育成はこうしなさい！』——目次

第1章 「採用に関する方針」を明確にしておく

第2章 「自社に合う社員」「辞めない社員」を見極め、採用する方法

第3章 採用した人を「成長」させる組織づくり

第4章 人が辞めない組織のつくり方

第5章 人にやさしい職場のつくり方

序章

人材不足の時代の生き残り戦略を考えなさい

人手不足倒産の最大の原因は、社長の無知

社長の9割が気づいていない「6つの変化」

帝国データバンクでは、従業員不足による収益悪化などが要因となった倒産（個人事業主含む、負債1000万円以上、法的整理）を「人手不足倒産」と定義しています。

2019年に発生した人手不足倒産は、全国で185件。前年比20・9％の増加です。4年連続で過去最多を更新しており、右肩上がりの推移が続いています。

業種別件数を見ると、「サービス業」が54件を占めて最多。「建設業」が49件でこれに続き、この2業種で全体の過半を占めています。

中小企業が人手不足に陥るのは、なぜだと思いますか？

好条件での従業員確保が困難だから？

ネームバリューがないから？

不景気の影響を受けやすいから？


違います。人手不足倒産を招いた最大の原因は、

「社長が無知だから」

です。私は、時代認識として、「日本の景気はよくならない」という前提で経営をしています。2014年4月の消費税増税以降は、世の中に変化の波が押し寄せていて、中小企業の社長は難しい舵取りを迫られています。

お客様のニーズも、ライバルの動向も常に変化しているので、悠長に構えていたら、確実に変化に乗り遅れます。変化に乗り遅れた企業の末路は、決まっています。

「倒産」です。

中小企業の社長の9割は、次の「6つ」の変化の波に気づいていません。

【多くの社長が見逃している6つの変化】

①経済構造の変化
②消費動向の変化
③人口の変化
④大卒求人倍率の変化
⑤就活生のトレンドの変化
⑥就活ルールの変化

①経済構造の変化

政府は、消費税増税（2014年4月／5%から8%へ）以降、国債を買い戻し、そのお金が市場に流れ出たことで、株価が上向きました。

また、増税による税収を公共投資に充てたため、公共事業を中心に雇用も増えています。

②消費動向の変化

最低賃金の見直しによって収入が増え、消費動向にも変化が生まれています。値段の安さから、「少し高くても、品質重視」へと消費者のニーズが変わりました。

③人口の変化

厚生労働省が発表した2019年の「人口動態統計」の年間推計によると、日本人の国内出生数は、86万4000人。前年比で5・92％減と急減し、1899年の統計開始以来、はじめて90万人を下回りました。

出生数が死亡数を下回る「人口の自然減」も51万2000人と、はじめて50万人を超え、少子化・人口減が加速しています。

雇用が増えている一方で人口は減少し、人手不足に拍車がかかっています。

④大卒求人倍率の変化

最低賃金の上昇にともない就職先の選択肢が増え、2014年以降は、売り手市場になっています。リクルートワークス研究所の「大卒求人倍率調査」によれば、「2021年3月卒業予定」の大卒求人倍率は「1・53倍」でした。

大卒求人倍率とは、「民間企業への就職」を希望する学生ひとりに対する企業の求人状況を算出したもので、「1」より大きい場合は、求職者にとって有利になります。

2020年卒の1・83倍と比較すると、2021年卒は、0・3ポイント低下しています（新型コロナウイルス感染拡大の影響による）。しかし、バブル崩壊後の経済停滞期やリーマン・ショック時のような低水準には至っていません。

従業員規模別の求人倍率の推移を見ると、

・「300人未満」……………3・40倍（2020年卒は8・62倍）
・「300〜999人」…………0・86倍
・「1000〜4999人」…1・14倍
・「5000人以上」…………0・6倍

「300人未満」の中小企業の大卒求人倍率は、コロナ禍の影響を受けて前年比で5・22ポイント低下しています。

それでも、大手企業と比べた場合、中小企業の人手不足は明らかです。求人倍率が

3・40倍は、ひとりの学生に対し、3・4社の求人がある計算です。

⑤就活生のトレンドの変化

定性情報（若者と会話したときの印象）と定量情報（分析ツールの客観的なデータ）を分析した結果、ゆとり世代（1987～2004年ごろまでに生まれ、ゆとり教育を受けた世代）以降の人材には、その前の世代とは違う特徴がありました。

・変化1……ストレス耐性が低い

学生のストレス耐性は、年々低くなっています（とくに、2015年度の内定者からストレス耐性が弱くなっています）。ストレス耐性がプラス（＝ストレスに強い）と判定された学生は、ほとんどいません。

今の時代は、**「ストレスに弱い人を採用して、少しずつストレス耐性を高めていく」**のが正しいマネジメントです。

ここ数年、武蔵野でも、若手社員と中堅社員の間に、思考構造のギャップが見られます。ひと昔前までは、上司が「こうやれ」と上から指示を出し、部下を動かしていました。

ですが、今の若手は「命令されること」にストレスを感じやすいため、頭ごなしに「こうやれ」と命じると、やる気を失ってしまいます。

ですから、「この件をあなたに任せたい。結果を出すためには、3つのやり方がある。あなたはどのやり方でやりたいですか?」と彼らに選択肢を預けることが大切です。

・変化2……「給料」よりも「自分の時間」が優先

給料よりも休みを優先するのが、今の若者のトレンドです。ゆとり世代以降は、「ラクをして『休み』が多い会社がいい」と考える学生が増えています。

残業や休日出勤が多ければ新卒社員はすぐに辞めてしまうため、「残業の削減」「有休消化率の向上」に向けた業務改善が求められています。

・変化3……「コミュニケーション」に対する変化

「ゆとり世代」の中でも、2017年までの内定者とそれ以降の内定者では、変化が見られます。2018年・2019年内定者は、「**チーム意識**」が強いのが特徴です。

「同期の中で一番になりたい」と考えるのではなく、「みんなで一緒に目標を達成したい」と考えます。個人戦よりも、団体戦で力を発揮するタイプが多くなっています。

⑥就活ルールの変化

経団連（日本経済団体連合会）は、企業の採用活動の解禁時期などを定めた「採用選考に関する指針」を、2021年春の入社分から策定しないことを正式に決定しました（実質的には、「2022年卒の学生に対しても現行ルールを適用する方針」を決めており、2022年卒までは大きなルール変更はない見通し）。

経団連のこの決定によって、学生・企業双方が活動を本格化させる時期が大幅に前倒しになる（就活の早期化）可能性があります。

そうなれば、中小企業は、次のようなリスクにさらされます。

・「同業他社との人材争奪が激化する」
・「大企業の内定通知が早まれば、中小企業の内定率が下がる（内定辞退率が高まる）」
・「人数確保を優先しすぎた結果、早期退職が増える」
・「人材確保に向けて早く内定を出せば、人件費や辞退の可能性など不安にさらされる」

・「大企業の動きが早まれば、中小企業の採用活動も長期化し、コストアップにつながる」

これからの中小企業は、人材の確保がさらに難しくなることが予想されます。

これからの時代に必要なのは、「営業戦略」より「人材戦略」

時代の変化に対応できなければ、市場から退場するしかない

世の中は、常に変化しています。法律も変われば、人も変わります。お客様の趣味や嗜好も変わります。

経営は、「環境適応業」です。経済構造や若者のトレンドに適応できない会社は、時代に取り残され、やがて淘汰されます。

会社が生き残る鍵は、

「変化する市場・お客様に、自社を対応させていけるかどうか」

にかかっています。優良企業でも、大企業でも、変化の波についていけなければ、沈

没する可能性があります。

速いスピードで変化するこの時代にあって、現状維持は、「後退」と同じです。

わが社が、18年連続増収を成し遂げることができたのは、時代の変化を見据えて、自社の仕組みを変えてきたからです。コロナ禍による損失を最小限に食い止めることができたのも、「コロナ後」の世情を推測し、次々と新しい施策を打ち出しているからです。

2014年までのわが社は、「5年以上勤めた社員が『辞める』と言ってきたら、引き止めない」がルールでした（引き止めた管理職は始末書）。

ところが現在は、真逆です。「5年以上勤めた社員が『辞める』と言ってきたら、全力で引き止める」がルールです。ルールを変えたのは、客観情勢が大きく変わったからです（引き止めない管理職は始末書）。

増税以前は、人が辞めても、新しい人をすぐに採用できました。ですが、2014年を境にして、「辞めても次の人が採用できる時代」から「辞めたら次の人がいない時代」へと変わっています。

したがって、これからの中小企業は、
「社員を『辞めさせない』マネジメント」
「部下が『辞めたい』と言わないマネジメント」
が求められています。

人材戦略の3本柱、「新卒採用」「社員教育」「社員定着」

私は2015年以降、変化の波を見極めながら、新たな方向へと舵を切っています。「販売戦略」から「人材戦略」へ、ビジネスモデルを転換させました。

消費税が5％から8％に上がるまでは（2014年4月）、「営業戦略に長けている会社」や「販売力のある会社」が伸びていました。

ですが、これからの時代は、違います。「営業戦略や販売力だけでは、中小企業は生き残れない」と私は考えています。

これからの時代に注力すべきは、**「人材戦略」**です。「人材」が揃っていなければ、営業力も販売力も発揮できません。優れた商品やサービスを持っていても、人の手によるオペレーションがなければ、利益を生み出すことは不可能です。

人材戦略の柱となるのは、次の「3つ」です。

【人材戦略の3本柱】

①社内を活性化させるために、「新卒採用」に力を入れる
②社員ひとり当たりの生産性を上げるために、「社員教育」に力を入れる
③人材の流出を防ぐために、「社員定着」に力を入れる

①社内を活性化させるために、「新卒採用」に力を入れる

成長の源泉は、積極的な新卒採用です。新卒採用は、「社長の決定や方針を素直に共有し、即座に行動できる人材を増やすこと」にほかなりません。

新卒社員は「何色にも染まっていない」ため、自社の価値観、文化、仕事のやり方を

すみやかに身につけさせることが可能です。
「はじめに」でも述べたように、新卒社員が全社員の50%を超えると、業務改善のスピードがアップします。

中途入社のほうが即戦力にはなりますが、中途入社だけで人員を補充すると、経営改革に必要なスピード感が損なわれます。

中途入社は、前職時代のスキルやスタイルを簡単には手放さないため、価値観を共有するのに時間がかかるからです。

また、**新卒採用は、先輩社員の成長をうながす仕組み**でもあります。新卒社員が入社すると、「先を越されたくない」「しっかりしなければいけない」と先輩社員が刺激を受け、お互いに切磋琢磨します。

2年目、3年目社員を成長させるためにも、新卒採用は毎年続けます（人が採れない時代にあって武蔵野の新卒採用は堅調です。その理由は第1章以降で詳述します）。

②社員ひとり当たりの生産性を上げるために、「社員教育」に力を入れる

中小企業にとって、人の成長＝会社の成長です。人の成長と会社の業績は、正比例の関係にあります。

わが社は、社員教育に惜しみなく利益を投資しています（２０１９年度は、教育研修費として年間1億円を使いました）。中小企業は、お金と手間をかけて社員を教育する以外に、利益を出す方法はありません。

多くの社長は、「能力のある人を採用すれば、会社はよくなる」と考えますが、それは違います。会社の業績は、社員の学歴や才能、能力で決まるのではありません。組織にとって大切なのは、優秀な人材を集めることではなくて、

「社員の価値観を揃えること」

です。

社員教育には、「スキル」を身につける教育と、「価値観」を合わせる教育があります。わが社が注力しているのは、後者です。

「価値観が揃っている状態」とは、

「社員が社長の指示通りに動く状態」
「社長と社員が同じ判断基準で行動する状態」
のことです。

武蔵野は、私が「右を向け」と命じれば、全社員がピッと右を向きます。「右はやめて、やっぱり左」と言い直せば、すぐに左に向き直します。

会社は、社長の決定がすみやかに実行されなくてはなりません。そのためには、社長の価値観を社員が理解・共有する必要があります。

③人材の流出を防ぐために、「社員定着」に力を入れる

社員が会社を辞める理由は、次の「3つ」に大別できます。

【会社を辞める3つの理由】

(1)「仕事」が嫌で辞める
・対策……人事異動を行い、仕事の内容を変えます。

⑵「上司」が嫌で辞める

・対策……上司と部下の間にコミュニケーション不全が起きています。新任幹部を上司が指導。傾聴重視で部下の思考スタイル・行動スタイル（ＥＧ）に基づいて指導し、面談や飲み会を定例化して、社内の風通しをよくする仕組みが必要です。

⑶「会社」が嫌で辞める

・対策……会社が嫌いになるのは、会社の仕組みを教えていないからです。「会社のルールを知らない（知らされていない）」と不満を募らせ、離職率が高くなります。勉強会やガイダンスを実施して、会社のルールを周知することが重要です。

会社に人を合わせるのではなく、人に会社を合わせる

社長は、「時代がどのように変化していくか」を長期的に見極め、時代の変化に合わせて、会社をつくり変えていかなければなりません。

現状に甘んじることなく、変化し続けることが会社の定めであり、社長の務めです。

多くの企業が人材不足で頭を抱えています。けれどわが社は、どんどん新卒を採用できていて、しかも辞めない。

毎年、新戦力を安定的に増やすことができるのは、「新卒が採用できるように」、そして「人が辞めないように」会社を常につくり変えているからです。

従来の会社のやり方を社員に押し付けるのではなく、社員のトレンドに合わせて会社のほうを変える。会社に人を合わせるのではなく、人に会社を合わせる。

それが、人材戦略のポイントです。

私は1999年以降、毎年、従業員アンケートを実施しています。現場の声をいち早く汲み上げて、現場改善に役立てるためです。

2019年8月時点で、社員の約85%、パート・アルバイトの約90%が、武蔵野に対して、「総合的に考えてよい会社である」と答えています。

武蔵野がブラック企業から抜け出せていなかったとき、アンケートに「小山、死ね」と書かれたこともあり、さすがの私も具合が悪くなりました（笑）。

さすがにえげつない意見は上がらなくなりましたが（笑）、それでも、社員の不満が

総合的に考えてよい会社である(社員)

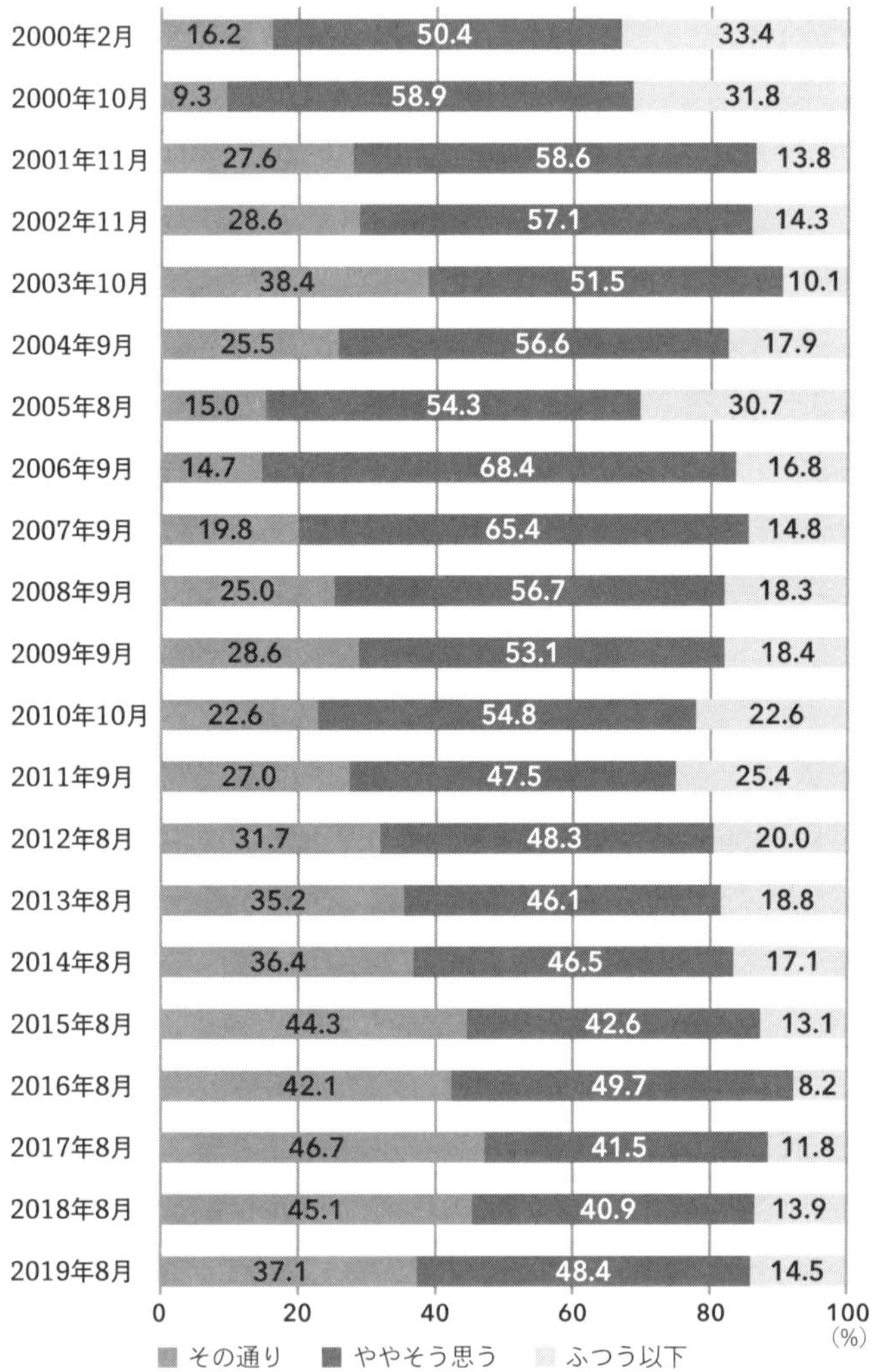
2000年2月 16.2 50.4 33.4
2000年10月 9.3 58.9 31.8
2001年11月 27.6 58.6 13.8
2002年11月 28.6 57.1 14.3
2003年10月 38.4 51.5 10.1
2004年9月 25.5 56.6 17.9
2005年8月 15.0 54.3 30.7
2006年9月 14.7 68.4 16.8
2007年9月 19.8 65.4 14.8
2008年9月 25.0 56.7 18.3
2009年9月 28.6 53.1 18.4
2010年10月 22.6 54.8 22.6
2011年9月 27.0 47.5 25.4
2012年8月 31.7 48.3 20.0
2013年8月 35.2 46.1 18.8
2014年8月 36.4 46.5 17.1
2015年8月 44.3 42.6 13.1
2016年8月 42.1 49.7 8.2
2017年8月 46.7 41.5 11.8
2018年8月 45.1 40.9 13.9
2019年8月 37.1 48.4 14.5
0
20
40
60
80
100
(%)
その通り
ややそう思う
ふつう以下

総合的に考えてよい会社である（パート）

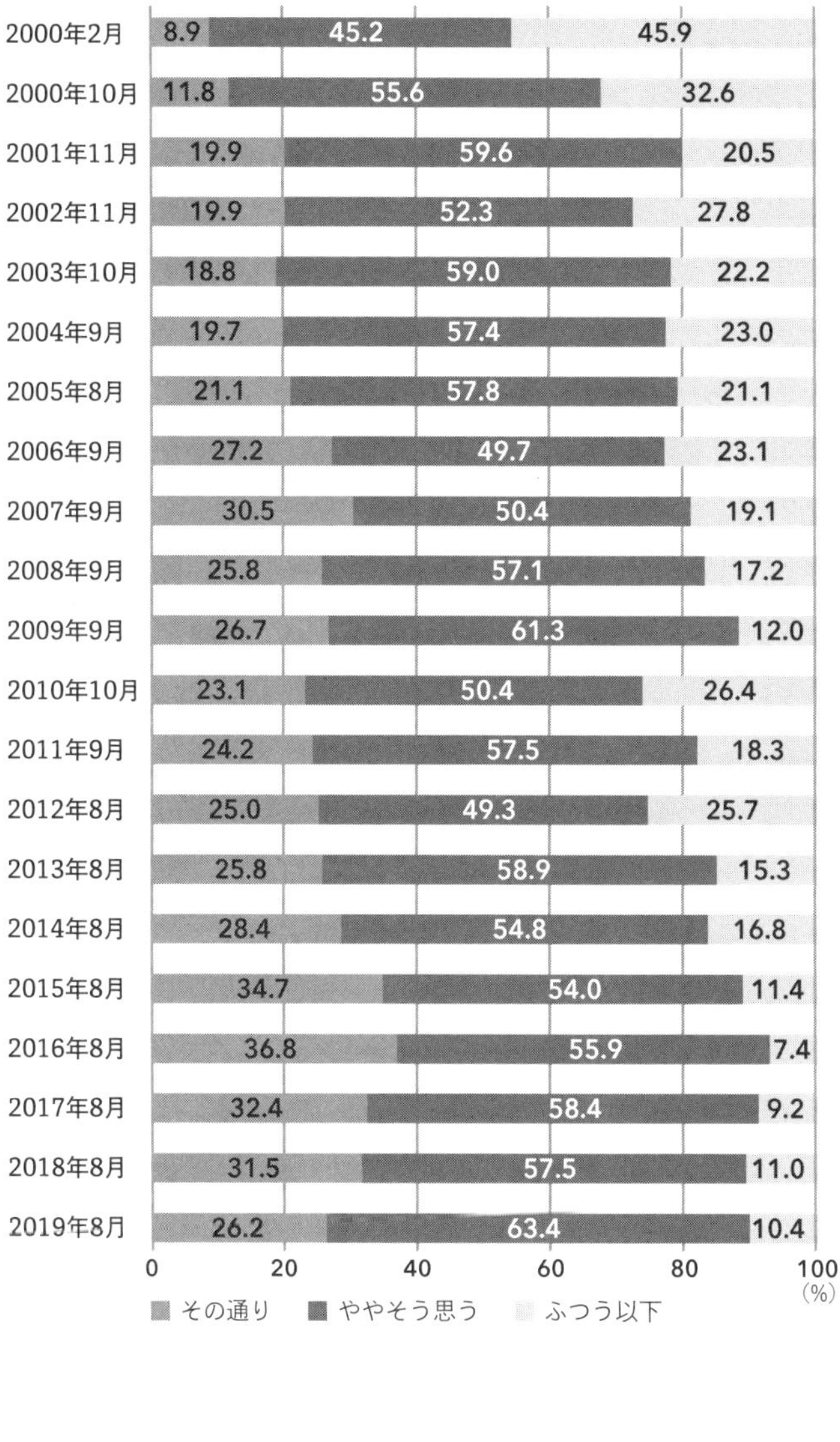
2000年2月 8.9 45.2 45.9
2000年10月 11.8 55.6 32.6
2001年11月 19.9 59.6 20.5
2002年11月 19.9 52.3 27.8
2003年10月 18.8 59.0 22.2
2004年9月 19.7 57.4 23.0
2005年8月 21.1 57.8 21.1
2006年9月 27.2 49.7 23.1
2007年9月 30.5 50.4 19.1
2008年9月 25.8 57.1 17.2
2009年9月 26.7 61.3 12.0
2010年10月 23.1 50.4 26.4
2011年9月 24.2 57.5 18.3
2012年8月 25.0 49.3 25.7
2013年8月 25.8 58.9 15.3
2014年8月 28.4 54.8 16.8
2015年8月 34.7 54.0 11.4
2016年8月 36.8 55.9 7.4
2017年8月 32.4 58.4 9.2
2018年8月 31.5 57.5 11.0
2019年8月 26.2 63.4 10.4
0 20 40 60 80 100
(%)
その通り
ややそう思う
ふつう以下

ゼロになったわけではない。

社員の定着率を高めるためには、これからも**「従業員の意見に合わせて会社を変えていく」**ことが必要です。


なぜわが社は、内定辞退が少ないのか。

なぜ、新卒定着率がいいのか。

なぜ、全社員の離職率が低いのか。

なぜ、パート・アルバイトの満足度が高いのか。

理由は、「人に会社を合わせている」からです。

定期的に従業員の声をヒアリングし、彼らが何を感じ、何を考えているのか、何を求めているのかを把握して、組織や方針を改善しています。


第1章からは、武蔵野が「人材戦略の3本柱」をどのように仕組み化してきたのか、どのように会社を変えてきたのか、その具体的なノウハウを紹介します。

第1章

「採用に関する方針」を明確にしておく

新卒採用活動では、「やらないこと」を決めておく

新卒採用の5つのルール

わが社は、新卒採用に関して、「やらないこと」「しないこと」を明確にしています。

【新卒採用で「やらない」5つのこと】

①人事部をつくらない
②採用担当者に「ベテラン社員」を起用しない
③高卒（高校新卒者）は採用しない
④「コネ採用」はしない

⑤会社説明会で「嘘」をつかない

①人事部をつくらない

中小企業の社長の多くは、「新卒採用＝人事部（人事課）の仕事」と考えています。ですが、わが社に人事部はありません。新卒採用、昇給・昇進などにまつわる事務手続きや各種査定は、「総務部」と「採用 kimete 事業部」が担当しています（中途・パートの採用は各部門の責任者が担当する）。

2001年まで、新卒採用は「総務部」の仕事でした。採用活動と総務業務との兼任では、通年での採用戦略が立てられないし、新卒社員のケアやフォローにも手が回りません。

そこで、2002年から、「採用部」を設けました（現在は採用 kimete 事業部）。専任スタッフが採用を担当するようになったことで、内定者や新卒社員の教育に目が届き、定着率が飛躍的にアップしました。

人事部をつくらない理由は、「社内の人事権を集中させないため」です。

人事部は一般的に、業務や職場の変更、出向、昇進、降格といった発令を出せる強い権限を持っているため、社員が人事部の顔色をうかがうようになります。降格や減給を恐れ、「自分にとって都合の悪い情報」「自分の評価を下げる情報」を隠すようになれば、情報が偏ってしまい、正しい経営判断ができません。

そこで私は、**人事権を分散させています。**基本的に全社最適です。

【人事権を分散させる武蔵野の仕組み】

・新卒採用……採用 kimete 事業部

・中途採用……各部門の責任者

・**人事に関する事務手続き**……総務部

・**人事評価**……各部門の責任者と社長（評価シートに基づき、客観的に評価）

・**人事異動**……経営幹部と社長（幹部数名に人事異動案をつくらせます。経営サポート事業部は中嶋博記取締役、クリーンサービス部・リフレ事業部は佐藤義明取締役、ケア関連事業部は由井英明統括本部長に案を作成させています。彼らの意見を踏まえながら、最終的には社長が決定）

②採用担当者に「ベテラン社員」を起用しない

採用担当者の仕事でもっとも重要なのは、「選考」ではありません。学生（あるいは内定者）のフォローをすることです（内定辞退を減らすこと）。

ベテラン社員を採用担当者にすると、

「若者のトレンドが理解できない」
「学生と採用担当者の間で、ジェネレーション・ギャップが生じる」
「学生が気後れする（話しにくさを感じる）」
「採用担当者が上から目線で接する」

ようになるため、学生との距離感を縮めることが難しくなります。

わが社は、**入社3、4年目までの社員を採用担当者にしています**（経験上、入社5年目以降になると、学生のトレンドを理解できない）。

若手社員であれば、年齢が近い分、学生の悩みを自分ごととして理解できます。「自分の就活経験を踏まえたアドバイス」もできるので、学生も安心して就活を進めることが可能です。

また、学生と採用担当者が頻繁に接触機会を持つため、「学生と年齢が近い」ほうがコミュニケーションを取りやすくなります。

③高卒(高校新卒者)は採用しない

高校新卒者を採用しないのは、「20歳になるまでお酒が飲めない」からです。

私は、「飲み会」(お酒)を人材戦略の一環として位置づけています。飲み会はわが社にとって社員教育の場であり、結束力や団結力を高める重要なコミュニケーションツールです。

武蔵野ほど、社員がよく集まって飲む会社は少ないと思います。

下戸(げこ)だからといって就業差別はしませんが、会社説明会では、

「武蔵野は、飲み会が多い会社である」
「武蔵野の飲み会は、公式行事である」
「武蔵野には、お酒が好きな人が多い」

ことを事前に説明しています。

世間は、

「上司と部下の飲みニケーションはもう古い」

「飲みニケーションなんて、時間のムダ」

といった論調もあります。

「会社が飲み会を強要するのは、アルコールハラスメントだ」

「就業時間外まで社員を拘束するなんて、小山昇はパワハラ社長だ」

といった反論も届いています。


たしかに、飲み会を嫌がる社員に無理やりお酒を飲ませたら、アルコールハラスメントです。

しかしわが社の社員は、基本的にお酒が大好き（お酒が弱くても、みんなで飲食をともにする時間が好き）です。飲み会の日程確保が第一で、飲み会を避けて仕事のスケジューリングをしています（笑）。

社員は、「**お酒＝人間関係の潤滑油**」ととらえて、上司・同僚と飲むほど業績が上がっています。

経営サポートパートナー会員（武蔵野のコンサルティング指導を受けている企業）の中には、高校新卒者を積極的に採用し、戦力化している企業もあります。

岩手県の「株式会社小田島組」（公共事業・IT関連事業／小田島直樹社長）もそのひとつです。小田島直樹社長は、「大卒と高卒に、能力的な差はない」と断言します。

「当社では、大卒だけでなく、高卒の採用にも力を入れています。高校新卒者が大学に行かなかった理由を調べてみると、とくに地方の場合、2つの傾向が見られます。ひとつは、家庭の経済的な事情によるもの。もうひとつは、『大学に魅力を感じない（大学に進学する意味を感じない）』という理由です。

いずれも、『勉強ができなかったから大学に行かなかった』わけではありません。適性検査の結果を見ると、高校出と大学出に能力の差がないことは明らかです。

大卒が高卒より優(まさ)っているものがあるとすれば、経験（アルバイト経験、旅行経験、サークル経験、酒席での失敗談など）の量だけです。

社会経験が少ない分、高卒は大卒よりも、いくぶん、情緒的に成熟していない部分が見受けられます。わかりやすく言うと、子どもっぽい。ですが私は、『成熟していない分、伸び代があるので、価値観教育を図れば、大卒以上の戦力になる』と考えています。

大卒のほうが高卒よりも知識を持っていますが、私は『知識そのものには、たいした価値はない』と考えています。あとから身につけることができるからです。大事なのは『勉強をした、努力をした、規則正しい生活をした』という行為です。

ですから、『勉強をする癖』がついていれば、高卒でも大卒でも関係なく採用しています」（小田島直樹社長）

④「コネ採用」はしない

親や親戚、関係者の口利きによって入社した場合、たとえ本人に実力があったとしても、特別な目で見られてしまうので、本人のためにならない。公平性を保つために、コネ採用（縁故採用）は行いません。

経営サポート企業のご子息を33名入社させ、社員と一緒に教育をしています。社長に就任したのは8名（うち女性2名）。吉南運輸株式会社（山口県）の井本浩二会長は売上高100億円の会社に育て、息子の井本健さんを、34歳の若さで会社の社長に就任させました。

⑤会社説明会で「嘘」をつかない

新入社員が入社早々に「会社を辞めたい」と思うのは、入社前に思い描いていた「理想」と、実際に働いてみた「現実」との間に、大きなギャップがあるからです。このギャップを放置すると、早期退職の大きな原因になります。

そこでわが社は、**学生に「ありのままを見せる」**ことを徹底しています。

現在、武蔵野の新卒社員の定着率は、「95％」を超えています。ですが、新卒採用をはじめた当初の定着率は、10％程度でした。10人採用したら9人近くが辞めるから、ひどい結果です。

定着率が悪かった理由のひとつは、自社をよく見せようとして、「取り繕っていた」ことです。

会社説明会で、学生に聞こえのいいことだけを伝えていました。「武蔵野がどれほど素晴らしい会社か」「どれほど将来性のある会社か」を力説し、学生をその気にさせたわけです。

ところが入社後、新卒社員は唖然とします。

「なんだ、入社前の話とはずいぶん違うじゃないか！」

「こんなこと聞いていない！」

「騙された！」

そして、ほぼすべての新卒社員が辞めていきました。

下手に取り繕うと、新卒社員の感じるギャップは大きくなる。だとすれば、最初から、自社のありのままの姿を見せておくに越したことはない……。

そのことに気がついてからは、偽りのないわが社を見せています。

本社屋が雨漏りしそうなほど老朽化していることも、幹部社員が元暴走族の強者だったことも、社内結婚が多いことも、飲み会が多いことも、小山昇がかつては歌舞伎町の夜の帝王（65歳で卒業）だったことも、社員の平均年収も、残業時間も、社員教育の仕組みも、ほしい人材も、ほしくない人材も、包み隠さずにオープンにして、その上で、「それでもよろしければ、エントリーしてください」

と学生に選択を委ねています。

「武蔵野はこういう会社だ」と承知していれば、入社前と入社後とのギャップが小さくなるため、早期退職を防ぐことが可能です。

優秀な人は採用しない。「価値観を共有できる人」を採用する

武蔵野が採用したい人、採用しない人

新入社員を採用するとき、多くの社長が「優秀な人材」を採用しようとします。

ですが、私はその逆で、

「優秀な人材（高学歴の人材）ほど、採用しない」

と決めています。能力も学歴も成績も、あくまで参考にすぎません。武蔵野が求めているる人材は、次の人材です。


【武蔵野が求める人物像】

①価値観を共有できる人
②ストレス耐性の高い人
③個人情報の公開に同意できる人
④やりたくないこともやれる人
⑤人とコミュニケーションを取ることが好きな人
⑥既存社員との学歴差、能力差がない人

①価値観を共有できる人

組織にとって大切なのは、「価値観を揃えること」です。
価値観の統一を意識するのは、次の「5つ」の理由からです。

1…社長と社員が「同じ優先順位」「同じ判断基準」で行動できる。
2…社長の決定がすみやかに実行される。
3…少しくらい能力が劣っていても、組織力で勝負できる。
4…お客様の問い合わせに対して、誰でも均一な対応ができる。

5…どの社員が対応しても、一定レベルのサービスが受けられる。

強い組織をつくるには、「均一である」＝「全員が同じ価値観を持つ」ことが不可欠です。したがって新卒採用では、

「小山昇の考えやわが社の文化に共感できるかどうか」

を重視しています。

②ストレス耐性の高い人

一次面接の前に、武蔵野が販売代理店の株式会社ヒューマンキャピタル研究所の「HCi-AS」を使って、就活生のメンタルチェックを実施しています。

「HCi-AS」を導入すると、ストレス耐性の高低だけでなく、

「どのようなシチュエーションでストレスを感じやすいか」

「組織内で不適応行動を起こしやすいか」

「入社後にどの程度のストレス耐性があるか」

を探ることができます。

メンタルヘルスの不調をうかがわせる結果が出た場合（ストレス耐性が低い場合）は、慎重に採用を進めます。

③個人情報の公開に同意できる人

わが社は、「個人情報保護マネジメントシステム（ＰＭＳ）」を構築し、お客様の個人情報を厳重に管理しています。

しかし、社員の情報は、基本的にオープンです。

入社時に個人情報開示承諾書にサインしてもらいます。承諾書にサインができない人は、採用を見送ります。

個人情報を公開する理由は、おもに「３つ」あります。

(1)ホームページに採用活動や内定者研修の様子を実名で載せることで、次年度の採用活動に活かすことができる。

(2)ホームページや書籍に実名（顔写真）が出ると、身元が特定されるため、「わけありの人」が入社できない。

(3) 個人情報をオープンにすると、情報が埋もれてしまったり、私物化されたり、歪曲されるのを防ぐことができる。

厚生労働省は、「労働者の個人情報に関する行動指針」を策定し、「業務上知り得た個人情報の内容をみだりに第三者に知らせ、又は不当な目的に使用してはならない」などの基本原則を明らかにしています。

わが社もそれに則り（のっと）、社員の個人情報をみだりに開示することはありません。自社の人材戦略上、必要と思われる場合に限って、社員の個人情報を適切に開示しています。

④やりたくないこともやれる人

武蔵野は、「やりたいことがやれる会社」ではありません。「やりたくないことでも、嫌々ながらしかたなくやる会社」です。

一般的に、「やりたくないことをやらされる」と社員のモチベーションは下がります。ですがわが社の社員は、「やりたくない」ことをやらされても、嫌々ながらしかたな

く頑張ります。なぜなら、

「やりたくないことでも、頑張って取り組めば、自己成長の糧になる」

「やりたくないことでも、結果を出せば、公平に評価してくれる（賞与が増えるし昇進する）」

「人事異動が多いので、少しの我慢で他部署に移れる」

ことがわかっているからです。

「嫌々ながらしかたなく」は、社員を成長させる最高のマネジメントです。

わが社に、自主的に勉強する社員は皆無です。「勉強が嫌い」「ラクして高い給料がほしい」と考える社員ばかりです。

コロナ禍の中で武蔵野のテレワークが機能したのは、「社員が自発的に仕事をしたから」ではありません。２００本以上ものデータポータルを作製し運用して、「サボらないように社員を管理した」からです。

私は、「**人間は、管理されたほうが結果を出しやすい**」と考えています。

人間は自分に甘い生き物で、管理されていなければ、「やりたくないことはやらなくなる」＝「勉強をしなくなる」からです。

やりたいことが決まっている人は、それができる会社に行くほうがいい。わが社が求めているのは、「何でもやる人材」「何でもやってみたい人材」です。

自分のこだわりを捨てられなかったり、自分の正義を振りかざしたりする人は、武蔵野にはなじめないと思います。

新卒の配属先を社長が決めるのではなく、「**ドラフト方式**」を採用しています。プロ野球のドラフト会議と同じく、「各部門の責任者が、その年の新卒社員の中からほしい人材を指名」します。

指名が重なった場合は、責任者同士の「ジャンケン」です。

新入社員に、配属の決め方（ドラフト方式）についてあらかじめ説明してあり、不満は出ません。合意の上で行われます。

「ドラフト方式」を採用したのは、

「本人のやりたい仕事と、向いている仕事が必ずしも合致しないから」

「はじめて社会人として働く新入社員には、『何が自分に合っているのか』が判断できないから」

です。新入社員の希望を鵜呑(うの)みにして配属しても、「思い描いていた仕事と違った」とギャップを感じて、早期退職にもつながりかねない。その後は、ドラフト方式を導入しています(基本的に、1年後には人事異動)。

ドラフト方式を採用するまでは、どの部門も、「新卒? 使えないからいらないよ」のスタンスでした。新卒社員を預かる部門長は、「面倒だな」と思っていた。

面倒だから育てない。目をかけない。ほったらかす。

目をかけられなかった新卒社員は疎外感を覚え、やる気をなくし、辞めていきます。

ところがドラフト制だと、ほったらかしにはできません。

部門長は、事前に採用kimete事業部から渡された「新卒のスキル表」を参考に、どの新卒を獲得するかを考えます(スキル表には「お酒はS評価、能力はB評価」など、項目ごとのランクが記載されています)。

部門長は、自らの責任において新卒を迎え入れた手前、育てようとする。だから人が定着します。

新卒採用をはじめて1年目（1993年）に、「逆指名制」を導入したことがありました。会社が内定者の配属先を決めるのではなくて、内定者に自分の配属先を「指名」させた。

その結果、どうなったと思いますか？

三根正裕（入社時ダスキン事業部）以外、全員が辞めていきました（笑）。自分で「あそこに行きたい」と希望をしたのに、です。本人のやる気を尊重したのに、です。「行きたい部署に行ったからといって、辞めないわけではない。むしろ、やりたいことをやらせると甘くなる」ことを痛感した出来事でした。

三根は最終選考を5回もすっぽかした逸材です（しかも、茶髪でした）。「総務から何度も連絡があったので、しぶしぶ会社を訪れたところ、『内定』と言われたので入った」（三根正裕）であって、お世辞にも、やる気があったわけではない（笑）。入社時に「3年は辞めない」と自分で決めていたから辞めなかっただけで、「嫌々ながらしかたなく残った」のが正直なところです。

そんな三根が現在、業務サポート事業部本部長として活躍しているのは、「やりたくないことを、嫌々やって結果につながり、結果が評価され、自己成長できる」

ことを三根自身が理解しているからです。

⑤人とコミュニケーションを取ることが好きな人

「従業員同士の仲がいい」のが創業当時からの社風です。

年齢、入社年度、部署、役職などに関係なく、誰もが働きやすい職場、意見交換ができる雰囲気づくりを心掛けています。

社内イベント、勉強会、レクリエーションも定期的に開催しているため、「他人とコミュニケーションを取るのが苦手な人」「みんなで盛り上がるのが嫌いな人」は、武蔵野には向いていません。

時代の傾向として、最近では、「社員旅行は大の苦手」という若者が増えているようです。しかし社員旅行は、参加率１００％です。

トイレットペーパー早巻き、風船割り、早食いリレー、賞金をかけたジャンケン大会など、下世話なイベントを楽しめる人を採用したため（笑）、社員旅行に行きたがらない社員はいません。

採用試験の段階で社員旅行の話を聞き「ぜひ、参加したい！」と入社を決めた新卒社員もいるほどです。

⑥既存社員との学歴差、能力差がない人

「学歴や成績は参考程度にしか評価しない」が採用基準です。

社員は、みな「それなりの大学」を出ています。国立大学卒は男性ゼロで、女性は1人だけ。「学歴」での優秀な人材は、武蔵野にはいない。

難関大学・有名大学を優秀な成績で卒業した人が入社した場合、どうなると思いますか？

新卒社員も既存社員（先輩社員）も、どちらもやる気をなくします。そして、新卒社員が辞めていく。レベルが違いすぎるからです。プロ野球の一流選手が高校球児と野球

をして、「プレーを実感できない」「レベルが低い」と思うのと同じです。

武蔵野のレベルが１００点満点の「65」とすれば、採用する人材のレベルは「50〜75」の範囲に留めています。

レベルが高すぎても低すぎても、実力を発揮することはできない。**「優秀すぎない人材」「既存社員とのレベル差が小さい人材」を採用して、社員教育（価値観を共有するための教育）を徹底する**ことが組織力を高めるポイントです。

武蔵野が「複数内定保留者」の採用に消極的な理由

仕事において重要なのは、「意思決定」の早さ

次の2人の新卒社員なら、どちらが先に出世すると思いますか？

①内定をもらってすぐに、「これ以上、就活をするのは面倒だから」「どの会社に入っても、どうせやることは同じだから」の理由で入社承諾書を出し、就職活動をやめた人

②「もっといい会社があるだろう」「もっと自分に合った会社があるだろう」と就職活動を続け、5社以上から内定をもらった人

答えは、「①」です。

「②」の人は、5社以上から内定が出ていることを考えると、相対的にポテンシャルは高いことがわかります。

ですが、就職先を決められないのは、「意思決定ができない（優柔不断）」からです。

私は「内定を複数もらっている就活生」よりも、「武蔵野の内定がもらえたら、就活はやめよう」と考えている学生を優先して採用しています。なぜなら、意思決定が早いからです。

仕事において重要なのは、「意思決定」の早さです。意思決定の遅い人は行動するまでに時間がかかるため、お客様の変化、ライバルの変化、社内の変化に乗り遅れます。

2019年入社の上村勇人は2018年12月に武蔵野に出会い、そこからインターンと選考会に進み、3月1日に内定、翌日入社承諾書を提出し、就活して3カ月で終了。入社1年半で課長に昇進しました。

自動車にたとえて考えてみると、わかりやすいと思います。

「速く走ること」と「エンジン性能が優れていること」は、必ずしもイコールではありません。どれほど高性能のエンジンを積んでいても、アクセルを踏まなければ、走りません。

反対に、そこそこのエンジンでも、「アクセルをすぐに、めいっぱい踏み込む」ことができれば、それなりに負けない走りが可能です。

「①」の人は、「②」の人よりも潜在的な能力は劣るかもしれない。けれど、意思決定が早い分、早く目的地に到達できます。

業界が違っても、職種が同じなら「やることは同じ」

多くの就活生が、「いい会社に入りたい」「自分に合った会社に入りたい」と口を揃えます。ですから、内定をいくつももらおうとする。

ですが、社会人経験のない学生に、「いい会社」「自分に合った会社」を判定することは至難の業です。

大学生が考える「いい会社」は、つまるところ「有名な会社」「規模の大きい会社」でしかないことがほとんどです。

一流企業、大企業ほど経営が安定している傾向は、たしかにあります。しかし、会社の規模が大きいからといって、「いい会社」だとは言い切れない。

アパレルの名門、レナウンは倒産。東芝では不適切会計が発覚し、企業統治に疑念が生じています。今の時代、「大手企業だから」といって安心材料にはなりません。

「①」の就活生の、

「どの会社に入っても、どうせやることは同じ」

という発想は、本質的に正しい。食品会社に入っても、自動車メーカーに入っても、旅行会社に入っても、出版社に入っても、IT業界に入っても、建築業界に入っても、武蔵野に入っても、職種（企業内での役割）が同じであれば、「やること」に大差はない。

どの会社に入っても、営業部門はものを売り、製造部門はものをつくり、経理部門はお金の管理をし、総務部門は社内の事務業務を担います。

そのことがわかっていれば、社名や企業規模で会社を選ぶことが、必ずしも得策ではないことがわかります。

本当にいい会社とは、

「自分の価値観と会社の価値観が合った会社」

です。

中小企業は、知名度と企業規模で大手に勝てない。けれど、社内の価値観を揃えて、「イキイキと仕事ができる環境」を提供することはできる。

内定後「7日以内」に入社承諾書を提出しない場合は、内定通知取り消し

武蔵野は、「内定後、7日以内に入社承諾書を提出しない場合」は、内定通知を取り消すルールです。

数年前までは、学生に合わせて1カ月間の猶予を与えていました。

しかし、決められない学生は、期間に関係なく決められません。入社承諾書の提出がギリギリだった学生は、不思議と入社してからもことあるごとに悩み、なかなか成果が出せないことが多い。一方、すぐに決められる学生は、入社後に活躍します。意思決定が早いからです。

「武蔵野に入るか、入らないか」いつまでも悩んでいる学生には、「ほかの会社に行ったほうがいいよ」とはっきり伝えています。

強引に入社させて、すぐに辞めてしまってはお互いに不幸です。

ところが、「ほかの会社を選択したほうがいいよ」と伝えたとたん、入社承諾書を出してきます（笑）。人間の心理は不思議です。

社内に夢を与えるために、中途採用にも力を入れる

高学歴で転職回数の多い人は採用しない

「中途採用」も行います。

時代の変化に適応するためにも、定期的な中途採用を行って、組織の新陳代謝を図っています。

中途採用の目的は、おもに「3つ」です。

①欠員補充

②戦略的な補充（新規事業など）

③組織の活性化（組織に変化を与える目的）

経営計画書に、中途採用に関するルールが明記されています。

【中途社員の採用基準】

①高学歴で転職回数の多い人は採用しない。
②ライバル会社にいた経験者は社長の許可を取る。
③6カ月間は研修期間とし、成績がよい人を中心に社員に登用する。
④退職した人を再雇用する。

「高学歴で転職回数の多い人」は、一般的に「プライドが高くて、理屈っぽく、汗をかかない」傾向にあります。

「自分は優れている」というプライドを捨てきれないのか、謙虚になれなかったり、人を見下したりすることがあります（私が見てきた「高学歴で転職回数の多い人」はひとりの例外なくそうでした）。

転職回数が多いのは、我慢ができなかったり、すぐに人とぶつかったりするからです。今から27年前、株式会社ブラックの時代に、東京大学の卒業生が入社しました。この人は、本当に仕事をしなかった。いや、仕事ができなかった。私は東京大学の卒業生にもピンからキリまでいることを学びました。

「そこそこの大学」を出て、失敗を重ねながら一歩ずつ成長してきた武蔵野の社員と、「高学歴で転職回数の多い人」では、価値観が揃わないのが当然です。だから採用を見送っています。

中途採用が不満を口にするのは、ルールがわかっていないから

中途採用は、新卒社員と違って、「過去の自分の体験」を捨てきれないことがあります。

中途入社社員の大半は、前の会社が嫌になったから辞め、わが社に入社しています。

それなのに、しだいに武蔵野の嫌なところが目につき、「前の会社は、こうだった。あ
あだった」と、「前職が正しくて、このやり方はおかしい」と不満を口にする。

どの人も自分の意思で前の会社を退職し、自分の意思で入社したのに「この会社はへ

ンな会社だ」と言いはじめます。

不満の原因は、武蔵野がおかしいからではなく、

「会社のルールがわかっていない」

からです。

したがって、総務オリエンテーションや武蔵野ガイダンスなどに出席させ、わが社の方針をきちんと理解させる必要があります。

中途採用を増やすと、社内は明るくなる

中途採用を増やすと、社内が明るくなります。

明るくなる理由は「2つ」あります。

1つ目の理由は、「後輩ができる」から。後輩が増えると、社員の序列が上がります。「下っ端は、いつまでも下っ端」では、やる気が出ません。

2つ目の理由は、「社員が夢を持つようになる」からです。社員数30人まで、本当に

人が定着しませんでした。50人になると定着が始まり、100人を超えたら不思議と人が辞めなくなりました。人が増えて会社が大きくなると、社員は「出世できるかもしれない」「給料や賞与が上がるかもしれない」と考えます。

一方、会社に利益が出ているのに人を増やさないでいると、

「この会社は大きくならない」

「大きくならないから、待遇は変わらない」

「待遇が変わらないから、自分はこの先もずっと平社員のままだ」

とやる気をなくし、やがて会社を辞めていきます。社員に夢を与え、その夢を実現させるのも、社長の責務です。

国籍にこだわらなければ、採用のチャンスは広がる

武蔵野も、2019年から、外国人の雇用も進めています。

現在、正規雇用を2名、技能実習生（外国人技能実習制度：日本の技術や知識を開発

途上地域などに伝えることで、人材育成面での国際貢献をすること）を3名、ＩＴ人材を2名、採用しています。正規雇用2名のレベルは高く、日本人の社員よりも丁寧な日本語が使えます（笑）。

経営サポートパートナー会員の中で、外国人を戦力化して業績を伸ばす企業があります。

株式会社ＭＯＴＯＭＵＲＡの本村真作社長は、外国人雇用の実績が30年弱あります。現在、技能実習生が38名、エンジニア2名、ＩＴ人材1名が活躍しています。生産部の外国人オペレーター比率は58％を超えてます。本社工場は24時間、年間３５８日稼働で95％の内製化のため、繁忙期でも安心してお客様は仕事を発注してくれます。

別会社の協同組合埼玉県異業種交流会では技能実習生、株式会社アジア人材紹介センターは外国人の高度人材の紹介を行っています。

とくに中小の製造業では、「日本人だけで人材を揃える」のは難しい。だとすれば、「お客様と接する部分は日本人にして、バックヤードは外国人に任せる」人材戦略もあります。

「どこから人を集めてくるのか」を多角的に捉えると、人材確保の間口が広がります。

第2章

「自社に合う社員」「辞めない社員」を見極め、採用する方法

ステップ① 集める

採用予定人数の「250倍」のエントリーが必要

採用活動は「集める」「選ぶ」「教育する」3ステップで行う

わが社は、次の「3つ」のステップで採用活動を行っています。

◉ステップ①……集める

・就職支援サイト（マイナビ、リクナビ、キャリタス、みん就）、合同企業説明会、もしくは、採用ホームページからエントリー
・「インターンシップ」の開催
・「会社説明会&バスツアー」の開催

・「オンライン会社説明会」の開催

●ステップ②……選ぶ（108ページ）

・体感型グループワーク選考会（一次選考）
・キャリア面談（二次選考）
・社長面接・面談（最終選考）

●ステップ③……教育する（116ページ）

・内定者研修

いったい、何名採用したらいいのか？

新卒採用には、人件費、教育研修費などが継続的に発生するため、自社の体力（利益）とのバランスを踏まえた上で、採用人数を決める必要があります。

採用人数の目安は、以下の計算式で求めることが可能です。

・経常利益額÷新卒社員ひとり分の年間人件費＝採用可能人数

経常利益が4000万円、新卒社員ひとり当たりの年間人件費が400万円だとしたら、

「4000万円÷400万円＝10名（採用可能人数）」

となります。

社員教育を徹底して新卒社員の戦力化を図れば、経常利益のすべてをつぎ込んだとしても、採用コストの回収は難しくないです。

では、10名採用するために、どれくらいのエントリー数が必要でしょうか（エントリー：企業に対して興味があるという意思表示。選考への応募とは違う）。

答えは、「2500名」です。

つまり、採用予定人数の

「250倍」

のエントリー数が必要です。

これまでの採用実績を定量的に分析した結果、次のように人数が減っていくことがわかりました。

・エントリーした就活生の中で、会社説明会に参加する人数はエントリー数の10％

……2500名のエントリーがあっても、実際に会社説明会に参加する人数は、250名程度です。

・会社説明会から一次選考にたどりつく人数は、20～30％

……会社説明会に参加した250名の学生のうち、一次選考まで進むのは60名前後です。約80％の就活生が、会社説明会後に「この会社は自分には向いていない」と判断して、就職先の候補から外します。

・一次選考から二次選考に残るのは、50％程度
……一次選考に参加した60名のうち、二次選考まで残るのは半数の30名です。
・社長面接・面談の合格率は、50％程度
……社長面接・面談まで進んだ30名のうち、約半数が不合格（または辞退）。15名に内定を出します。

内定者のうち30％程度は内定を辞退するため、結果的に残るのは「10名」程度になります。

現在の武蔵野は、内定辞退率が極めて低い（約7％）ので、辞退者が出ることを見越して多めに内定を出すことはありません。

会社説明会以降、採用の段階がひとつ進むごとに「人数が半減する」傾向にあります。わが社は、この傾向を「**5割の法則**」と呼び、
・「会社説明会に参加する人数は、エントリー数の10％に減る」
・「会社説明会以降は、段階的に半減する」

ことを前提に、エントリー数や会社説明会の動員数を逆算しています。

新卒採用を成功させるファーストステップは、「今年は何名採用する」と採用予定人数を決定することです。

そうすれば、「エントリー数はどれだけ必要か」「会社説明会には何名の動員が必要か」といった「数字」が明らかになり、やるべきことが自動的に決まります。

自社の採用の傾向を定量的に見極めるためには、新卒採用を「毎年」続けることが大切です。

ステップ① 集める

就活生のエントリーを集める「2つ」の手段

就活支援サイトとホームページを使わないのは「論外」

就活生のエントリーを集める方法は、おもに「2つ」です。

①就活支援サイト（リクナビ、マイナビなど）

……就活生の多くがリクナビとマイナビ（両方、あるいはどちらか）に登録しています。新卒採用活動をするのであれば、就職支援サイトに広告を出すのが必要条件です。

【リクナビ、マイナビに求人（ネット広告）を出すメリット】

・企業としての信頼度が増し、就活生にとっての安心材料になる。
・就活生のデータを一元管理できる（説明会などの案内も一括でできる）。
・いつ、どこの大学から、どんな人材が、どれだけエントリーしてきたのかを把握できるので、採用戦略が立てやすい。
・リクナビ、マイナビが主催する「合同企業説明会」に参加しやすくなる（就活生と直接面談できるため、エントリーをうながすことができる）。

②自社ホームページ（採用サイト）

……自社にとって最適な人材を採用する際、採用サイトが大きな力を発揮します。

自社に興味を持った就活生に対して、就活支援サイトや求人広告（求人雑誌、大学の就職課、ハローワークなど）よりも詳細な「採用に関する情報」を提供できます。

就活支援サイトとは違い、テンプレートが用意されているわけではないので、自社の強みを自由にアピールすることも可能です。

採用サイトを魅力あるものにするためには、

「頻繁に更新する」

「自社の現場、現実をありのまま見せる」

「自社の強み、他社との違いを謳う」

ことが大切です。

武蔵野の採用サイト（https://recruit.musashino.co.jp/）では、就活生に、

「武蔵野は勢いのある会社だ」

「武蔵野の社員はみんな仲が良い」

「武蔵野は人を大切にしている」

ことを知ってもらうために、セミナーや各種勉強会、飲み会、社員旅行などの様子を更新しています。

採用活動を成功させる秘訣は「学生に聞く」こと

多くの社長は、「学生は、自社のこういうところに魅力を感じているはずだ」「こういう打ち出し方をすれば、興味を持ってくれるはずだ」と絶対的に（主観的に）考え、

「自社の都合」に合わせた情報発信をしています。

一方、わが社は、学生目線に立った（学生の都合に合わせた）採用活動をしています。

【学生目線に立った採用活動の一例】

・SNSで情報収集をする就活生が増えているため、SNS（フェイスブック、ツイッター、インスタグラム、LINE、YouTube）を使った採用を開始しました。

・学生向けの就職支援サイト「kimete（キメテ）」を運営しています。武蔵野の採用ノウハウを指導してほしいというサポート会員の要望により、小嶺淳本部長が中心となって2018年5月に立ち上げました。「kimete」では、「公式サポーター」と呼ばれる学生が、自らの手で就活イベント会場の設営、チラシ、口コミ、ホームページ、SNSを活用したイベントの集客などを行って、学生の「リアル」を反映させることが可能です。

・内定者や就活生に、「どうして武蔵野にエントリーしたのか」「どこで武蔵野を知ったのか」「武蔵野のユニークなところはどこだと思うか」などをヒアリングし、彼らの答えの中から「就活生に支持されるキーワード」を見つけます。

このキーワードを採用サイトや就活支援サイトにちりばめることで、就活生の興味・関心を引くことができます。ここ数年、武蔵野が多用しているキーワードは「失敗を評価する」です。

「AIチャットボット」を導入して、「武蔵野」への理解をうながす

採用サイト内に新卒採用向け「**高精度AIチャットボット**」を組み込んでいます（採用担当AI Tell me（テルミ）ちゃん）。

チャットボットとは、人工知能を利用して、人間との対話やメッセージのやりとりを行うコンピュータープログラムのことです。

AIチャットボットを導入した目的は、次の「5つ」です。

①就職活動中の学生に、武蔵野についてより詳しく知ってもらう。
②採用担当者に直接聞きにくい質問も、気軽にできるようになる。
③不特定多数の学生に「24時間365日、自動回答」することにより、武蔵野について広く詳しく知ってもらう。
④質問データを分析、学習することにより、質問に的確に回答できるようにする。
⑤採用担当者の経験に左右されない回答品質の向上を図る。

今の学生は、「人に話を聞く」よりも「ネットで情報を収集する」ことに長(た)けているため、AIチャットボットは学生にとっても使いやすい。現在、月に約4000の質問にAIが自動で回答しています。

回答を作成しているのは、わが社の内定者です。内定者自身が就活中に感じた疑問や悩みを回答に反映しているため、就活生の立場に立った対話が可能です（回答をつくるにあたり、内定者が武蔵野のことを詳しく知るようになるため、研修としての意義も高い）。

導入当初は正答率が低く、「小山昇はどんな人ですか？」と質問すると、

「パチンコと競馬です」

と答えていました（笑）。あながち間違ってはいませんが（笑）、それは私の趣味であって、正しくは、「株式会社武蔵野の社長です」（現在の正答率は9割以上）。

ＡＩチャットボットは、武蔵野の「ありのまま」を明らかにするツールです。ＡＩチャットボットを導入したことで、選考に進む人数も明らかに増えています。

経営サポート会員でチャットボットを導入しているのは、広島県・島屋グループ（吉貴隆人社長）、熊本県・協電機工株式会社（藤本将行社長）、東京都・株式会社凪スピリッツ（生田智志社長）の3社です。

ステップ① 集める

合同企業説明会に参加して、採用の熱意を学生に伝える

合同企業説明会を成功させる6つのポイント

知名度に劣る中小企業の場合、マイナビ・リクナビにネット広告を掲載しただけでは、エントリー数を集めることは難しい。

学生に自社の存在に気づいてもらうためには、**「合同企業説明会」**への参加がもっとも確実です。合同説明会は、複数の企業がひとつの会場に集まって実施されるもので、「合説」とも呼ばれます。

【合説の種類】

・**業者合説**

……就職支援企業（マイナビ、リクナビなど）が主催する。出展料は数十万円程度。

・**公共合説**

……ハローワークや商工会議所が主催する。出展料は業者合説よりも安い。無料のこともある。

・**学内合説**

……大学が主催する。出展料は無料。

【合同企業説明会のメリット】

・多くの学生と会える。

・自社や業界に興味のなかった学生を振り向かせるチャンスである。

・他の企業のアピール方法を参考できる。

・リクナビ、マイナビ主催の合説は、大きな集客力が期待できる。

・就活生にエントリーをうながし、後日開催する「会社説明会（自社単独開催の説明会）」へ誘導できる。

合同企業説明会に出展するにあたって、考慮すべきポイントは、次の「6つ」です。

【合同企業説明会のポイント】

①一度だけでなく、3、4回をめどに出展する

……一度出展したくらいでは、認知度を高めることはできません。

②合説の1～2週間後に会社説明会を開く

……合説から会社説明会までの期間が短くても、長くても、会社説明会に誘導しにくくなります。

③出展エリアを考える

……新卒入社した人が住んでいたエリア、通っていた大学のエリアに出展すると効果が出ます。武蔵野もデータ分析していなかったときは立川や八王子ばかりに参加していました。データ分析したら神奈川と千葉が多かったので、出展エリアを上記に変え

たことで集客が増えました。

④学生受けするブースをつくる

……椅子と長机だけの簡素なスタイルでは、就活生を呼び込むことはできません。初出展の際は、業者と交渉して事前に説明会の様子を見学させてもらうと参考になります。また、他社と差別化をします。

⑤ブース内のスタッフは、「清潔感のある若手社員」にする

……ベテラン社員だけでスタッフを固めると、就活生は萎縮します。合同企業説明会は、就活生に自社の魅力を伝える営業活動の場ともいえるので、優秀な成績を挙げている「若手の営業担当者」が適任です。

採用担当者には、学生の志向や特性に合わせたコミュニケーションが必要になります。そこで、「柔軟性がある人」「人当たりがよく、他人の意見を受け入れ、変化に対応できる人」「さまざまなことに関心や注意が向く人」を採用担当者（ブーススタッフ）にしています。

⑥面談トークは、15～20分を1クールとする

「就活生が知りたいこと」に絞って手短に説明します。学生は「他社のブースも訪問したい」と考えているので、長時間引き止めてはいけません。

ステップ① 集める

会社説明会は、「自社の現実」を見てもらう機会である

インターンシップを早期に、複数回開催する

学生は大学3年生の6月から活動を始めています。早い学生だと1年生からインターンシップに参加しています。これは年々早期化しています。

インターンシップをやっていない企業は苦戦しています。学生が残っていないからです。武蔵野は、夏、秋冬、一次選考、二次選考（新白河、ＥＧ）と多くのインターンシップを開催して２０２０年大学卒業の学生が参加するインターンの参加者は１４９０人、延べでは２８００人でした。夏、ＥＧ、秋冬など複数回参加している学生が多いのが要因です。

会社説明会では、社長が自らスピーチする

マイナビ、リクナビなどの求人広告、自社の採用サイト、合同企業説明会は、就活生に自社の存在に「気づいてもらう」ためには有効です。

ですが、提供できる情報が少ないので、自社の「ありのままの姿を知ってもらう」ことはできません。したがって、会社説明会への誘導が不可欠です。

会社説明会は、自社以外の企業がいないため、時間をかけて自社の魅力をアピールできます。就活生が企業の見極めを行うための場としても重要です。

会社説明会の特徴は、次の「6つ」です。

【会社説明会の特徴】

①就活生に手書きの「お礼ハガキ」を送り、会社説明会への誘導をうながす

エントリーしてくれた就活生、合同説明会に参加してくれた学生に、

「エントリーしていただき、ありがとうございます」

「会社説明会にお申し込みいただき、ありがとうございます」

「会社説明会でお会いできることを楽しみにしています」

と書いたハガキを送っています。

最近の就活生は「手書きのハガキ」を受け取る機会がないので、自社を強く印象づけることができます。枚数は膨大になるため、内定者にアルバイト料を支払って、代書させています。

②SMS（ショートメッセージサービス）を使って、会社説明会を告知する

ＳＭＳは、携帯電話の番号に紐づけられたメールサービスです。ＳＭＳを使って会社説明会の案内をしたところ、出席率が50％前後から70～80％まで上がりました（全員参加したこともあります）。Ｅメールだと他社のメールに埋もれてしまいがちですが、ＳＭＳだと１００％届きます。

③社長が自らスピーチする

「一部上場企業で、採用部課長しか登壇しない会社説明会」と、「中小企業で、社長自ら

本音で話してくれる会社説明会」では、どちらが就活生の満足度が高いと思いますか？
疑うべくもなく「後者」です。中小企業とはいえ、**「社長」の言葉には重みと説得力があります。**

わが社は「社長と社員の価値観を揃えること」に重点を置く会社ですから、就活生に対して「小山昇の顔」を見せ、「小山昇の声」を聞かせ、「小山昇の考え方」を知ってもらうことが大切です。

私はおもに、次のことについて話をしています。

・武蔵野の方針（経営計画書の説明）
・会社説明会に同席している社員、内定者の失敗談、笑い話（会社への親近感を持ってもらうため）
・求める人物像（能力よりも気が合う人）
・自社の未来（自社のロードマップは採用担当者でも語れるが、ビジョンを語れるのは社長だけ）
・就活のアドバイス（「いい会社」の見分け方などを伝える）

採用環境も学生のトレンドも毎年変化しているため、客観情勢や学生の志向性を踏まえて、話す内容（話題）をアレンジしています。

新卒社員や内定者に「武蔵野の会社説明会でどういう話がおもしろかったか」「何が印象に残っているか」をヒアリングし、それをもとに次回の（次年度の）スピーチ内容を変えています。

会社説明会の場で、私が20年以上、学生に尋ねている質問があります。

「あなたが中学生のときに、お父さんがホームレスになったとします。それでも、あなたは大学生になっていたと思いますか？」

すると、ほとんどの学生が「なっていない」と答えます。なかには苦学生もいますが、大学生の多くは、親が仕事をして得たお給料から、入学金や学費を払っています。大学生になれたのは、「親のおかげ」「親が仕事をしてくれたから」です。

父親（母親）が失業し、ホームレスになれば、家族はたちまち経済的困窮に陥る。大学へ進学する余裕はありません。

ゆとり世代以降はとくに、「仕事は人生の一部」と考える傾向が強くなっています。ですが私は、「仕事の中に人生がある」と考えています。といっても、「人生を犠牲にして仕事をしろ。仕事人間になれ」と言っているのではありません。

「仕事をして稼いだお金で、自分の人生も、家族の人生も成り立っている」という意味です。大学に進学できたのは、「父親の仕事の中に家族の人生があった」からです。

自分の人生と、大切な人の人生を支えているのは「仕事」です。

そして、私たちが仕事をする場が「会社」です。「仕事＝会社」と考えてもいい。だからこそ、「どの会社に入るか」がとても重要です。


「仕事あっての私生活であり、仕事あっての個人である」

「仕事は人生の一部ではない。仕事の中に人生がある」

「人生を豊かにするためには、仕事も豊かであるべきである」

「仕事とは、言い換えると『会社』である」

そのことに気づいてもらうために、私はあえて、「お父さんがホームレスになっていたら……？」という質問をしています。

④座席数を少なくしておく

会社説明会では、参加予定人数よりも座席を減らしています。

参加予定人数が「１００名」だと、「70名分」だけ机と椅子を用意します。１００名の予定で、１００名全員が参加することはないです。

１００名分の机と椅子を用意したのに来場者が70名だと、会場はスカスカになります。それを見た学生は「この会社は人気がない」と感じます。

来場者が予定通り１００名来たのなら、あとで机と椅子を追加すればいい。そうすれば学生の目には「この会社は人気がある」と映ります。

⑤バス見学ツアーを開催する

会社説明会は、見学ツアーを含めておよそ3時間です。

「新宿セミナールーム」（ＪＲ新宿ミライナタワー内）をはじめとするわが社のセミナールームで会社説明を行ったあと、バス見学ツアーを開催しています。

本社、ダスキンムサシノ第五支店、経営サポート事務所など、「現実、現場」を体感していただきます。

説明はパートさんが行います。

⑥オンライン会社説明会を開催する

新型コロナウイルスの影響を受け、オンライン選考も進めています。

従来の会社説明会は、自社のセミナールームに100名ほど学生を集めて開催していました。ですが、ライブ配信で行う会社説明会には定員制限がありません。

2020年7月に行ったオンライン会社説明会では、中小企業では異例の「2開催で合計400名以上」の学生に参加していただくことができました。

オンラインの場合、「実際の雰囲気や反応がわかりづらい」という課題もありますが、独自のツールを併用してコミュニケーションの回数を増やすことで、満足度の高い選考を実現しています。

現在は、学生が選べるように、リアルとオンライン同時に開催し、ハイブリッドで行っています。

ステップ② 選ぶ

「定量情報」と「定性情報」を組み合わせて、就活生の「嘘」を見抜く

3つの分析ツールを使って、就活生の特性をつかむ

こんなことを言っては身も蓋（ふた）もありませんが、採用試験では「仕事ができる人か、できない人か」を見極めることは不可能です。

私が書類選考を重視しないのは、仕事の適性も素養も、実際にやらせてみないとわからないからです。

私が選考の段階でもっとも重視しているのは、

「整合性がとれているか」

つまり、

「嘘をついていないか」

です。

学生は、「自己分析」「業界研究」「企業研究」「エントリーシート」「筆記試験」「面接」について、対策を講じた上で就活に臨んでいます。

事前に準備をしているため、本音と建前を使い分けることができる。ときには、自分をよく見せようと嘘をつくこともあります。

そこで私は、就活生の「定量情報」と「定性情報」の2つを使って、「建前上ついた嘘」を見極めています。

面接だけでも、心理分析ツールの結果だけでも、就活生の本音を見抜くのは難しい。定量情報と定性情報を組み合わせて、就活生と自社の相性を判断しています。

◉定量情報……分析ツールの結果

◉定性情報……面接の受け答え

【分析ツール】

・**エマジェネティックス®**……人間の思考特性と行動特性を分析するツール
・**エナジャイザー**……人と組織の活性化を測る適性検査
・**HCi-AS**……メンタルチェックと仕事への適性を測る検査

分析ツールを使うメリットは、おもに次の「4つ」です。

①学生の思考特性や行動特性に合わせたコミュニケーションができる

トランプも麻雀も、相手の手の内がわかっていれば、有利に戦いを進めることができます。人材採用も同じです。

「相手がどのような人物なのか」がわかっていれば、相手に合わせたコミュニケーションが可能です。

②会社に必要な人材を選別できる

就活生の特性がわかれば、「会社のＩＴ化を進めるために『論理的な分析が得意な人材』を採用する」「営業に力を入れるために『社交的かつ行動的な人材』を採用する」など、事業計画にふさわしい人材を採用できます。

③学生の「嘘」を見破ることができる

たとえば、「論理的な分析が得意な人」は、一般的に履歴書やエントリーシートに書いた内容に準じた受け答えをします。

それなのに、履歴書の内容を無視して話す学生は、素の自分を出していない可能性があります。分析ツールの結果と発言の内容に整合性が取れていないからです。

「趣味は競馬」の学生がいました。

この学生の分析結果が「論理的タイプ」であったにもかかわらず、「なぜ競馬が好きなのか」という面接官の質問に対して、「予想が当たるとうれしい」という感情的な理由しか述べなかったとしたら、嘘をついている可能性がある。

一方でこの学生が、「競馬の魅力は受け継がれる血統にある。優秀な遺伝子を引き継いだ子孫が必ずしもよい成績を残すわけではない。その不確実性がレースをおもしろくしている」といったように、競馬の魅力を理路整然と説明した場合は「嘘はついていない」ことがわかります。発言と分析ツールの結果が「合っている」からです。

２００５年入社の海老岡修はダービーは単勝1・6倍のフサイチホウオーに10万円賭けて、６万円儲けると言いました。エナジャイザーで複雑な仕事でミスが8つあったから、買うのはやめなさいとアドバイスしたが購入しました。判断ミスが少なくなる指導を続けて、２０２０年11月に本部長に昇進しました。

④内定者同士の価値観を合わせることができる

わが社で「30人」採用なら、内定者が「5人」を過ぎた時点から、「**すでに内定が出ている5人との相性**」を考えた採用に切り替えます。

なぜなら、内定を出している5人とタイプが違いすぎると、内定者同士の和が乱れるからです。

採用担当者も分析ツールを受けさせる

就活生だけでなく、全社員、エマジェネティックス®とエナジャイザーを受け、「自分がどういうタイプなのか」を把握しています。

人は、「自分と異なるタイプ」よりも、「自分と似たタイプ（思考特性や行動特性が自分に近い人）」のほうが、優秀に見えます。相手の考えに共感できるからです。

そこで私は、**「どのようなタイプの人をどれくらい採用するのか」**を事前に考えて新卒採用に臨みます。

そうしないと、採用担当者は「自分と似たタイプの学生」を優秀とみなして（自分とは反対のタイプに嫌悪感を覚えて）選別するため、人材が偏ってしまう（採用担当者に似た人材が多くなる）からです。

分析ツールを導入せずに、就活生の嘘を見破る方法

エマジェネティックス®やエナジャイザーといった分析ツールがないときは、どのように就活生の嘘を見抜けばいいのでしょうか。ポイントは、次の「4つ」です。

①履歴書、エントリーシートの記述内容と、発言の整合性を見る

履歴書やエントリーシートから推察できる人物像と、面接時の印象に違いを覚えた場合、就活生が自分を偽（いつわ）っている可能性があります。

書類に「活動的で積極的」と書いてあるにもかかわらず、小さな声でボソボソと話している場合は、記述内容と本人にズレがある（整合性が取れていない）ことが明らかです。

②同じ質問をして、発言の整合性を見る

ひとつの質問とその回答から見えてくるものは、断片です。断片だけでは、その人を見極めることは難しい。

そこで私は、同じ質問を（言葉を換え、分散させながら）3回、同じ内容の質問をしていきます。答えがすべて同じであれば、「嘘をついていない」ことがわかります。

③「友人」について質問する

「あなたは誠実ですか？」「あなたは社交的ですか？」と質問すれば、就活生の多くは

「はい」と嘘をつく。

ですが、「友人は何人くらいいますか?」「その友人たちと何をしているときが一番楽しいですか?」「一番の親友は具体的にどんな人ですか?」と質問をすると、嘘がつきにくい。「どんな友人と、何をして、どのような人間関係をつくってきたのか」を作話するのは簡単ではないです。

「その人が、どのような友人と、どのようなつき合いをしてきたのか」を深掘りしていくと、就活生の人間性を知ることができます。「類は友を呼ぶ」からです。

④20分以上、自己紹介をさせる

自己紹介の時間が「1分から3分」であれば、面接対策の例文を「丸暗記」するだけでも乗り切ることができるので、嘘がつけます。

ですが20分となると、大学の就職課などが用意した模範回答だけでは間がもたないため、素の自分をさらけ出すしかありません。本当は30分聞きたいですが、時間がないから20分で我慢しています。

ステップ③ 教育する

内定者研修を充実させて、内定辞退を防ぐ

武蔵野の内定辞退率の低さは、超異常

入社後の退職者だけではなく、学生の内定辞退者も少ない。内定辞退率は、約17%。中小企業で内定辞退者がこれほど少ないのは、超異常です。

昨今では、採用の早期化によって、内定期間は最長で1年にもなろうとしています。内定者は時に不安を感じ、気持ちは揺れる。そのまま放っておくと、内定辞退に発展しかねません。

そこでわが社は、**内定者教育に力を入れています。**

内定者は、

「キックオフ研修」
「環境習慣整備研修」
「社会人基礎力研修」
「実行計画作成研修」
「セールス研修」
「インターンシップ（社長のかばん持ち）」
「給料体系勉強会」
「内定者向けの社内アルバイト」

など、さまざまな勉強会に参加します。内定が出てから入社するまでの間に、平均して「月に5日以上」（多い人だと、月に15日以上）は会社に来ることになります。

入社前から「武蔵野の現実、現場、現物」を体験させておけば、次の「4つの理由」で、入社前と入社後のギャップがなくなります。

(1)業務内容を実地体験できる。

(2)わが社の文化になじむ。
(3)先輩社員とコミュニケーションが取れる。
(4)大学生活とは違う体験を通して「小さなストレス」がかかり、ストレス耐性が上がる。

内定者の気持ちが「このまま、武蔵野に就職してもいいのだろうか」と揺れはじめたときは、内定者の特性に合わせたフォローをします。

具体的には、内定者と同じ特性を持つ社員にケアさせています。思考特性や行動特性が同じだと相手に共感できるため、内定者の迷いを取り除くことが可能です。

前述したように、武蔵野の社員と内定者は、分析ツールを使って「自分のタイプ（思考特性と行動特性）」を明らかにしています。

内定者Aくんが「論理タイプ」だとしたら、内定者と同じ「論理タイプ」の社員Bにフォローをさせます。直感タイプの社員Cでは、内定者Aくんの気持ちを動かすことができません。タイプが違うからです（分析ツールを導入していない場合でも、内定者とタイプの近い社員にフォローさせるのが基本です）。

経営計画書を「書き写させる」と、会社に対する理解が進む

わが社は、お酒の飲み方、有休の取り方、インフルエンザ予防接種まで、具体的なルールが細かく決められています。

しかし私が、「これをやりなさい」と口で言っても、社員はなかなか実行しません。口約束は守られない。それればかりか、言われたことさえ忘れてしまう（笑）。

そこで、「何をやればいいのか」「何をやってはいけないのか」を手帳サイズの「経営計画書」に明文化しています。

【経営計画書】

……経営理念、長期事業構想、社員教育、人事評価、採用、クレーム対応、資金運用、実行計画など、会社の方針と数字が明文化された手帳型のルールブック。

内定者に、経営計画書の「全ページ」を手書きでノートに書き写してもらいます。こ

れは20年以上続いている恒例行事で、誰もが通る道です。

経営計画書を渡したところで、「誰も読まない」ことを私は知っているので（笑）、「武蔵野がどういう会社か」を知ってもらうためにも、**書き写してもらいます。**期間は「1カ月以内」ですが、2020年度入社予定の桑原杏奈は、「1日」で書き終えました。2020年11月に行われた48人参加の内定者セールス研修で2位をダブルスコアで引き離す堂々の1位でした。

実際に書写を終えた内定者（新卒社員）は、次のようにコメントしています（採用サイトに掲載されているコメントを一部抜粋）。

「内定者のときは勢いで写すだけでしたが、入社して早朝勉強会で解説を聞いたりすると、本当にいろいろ書いてくださっているんだなと、ようやく気づきます。体験がないと気づかないものですね」

「経営計画書があるのが当たり前なので、学生時代の友だちと会っているときに彼らの愚痴を聞いていると、『うちだったら、ここに書いてあるんだけどな』と、すぐに記述と照合できるようになりました」

「友人との飲み会の席で出張の話になったのですが、『上司や社長が日当・宿泊手当をいくらもらっているか公開している会社をはじめて見た！』と言われました。新卒で武蔵野に入っていると当たり前になってしまいますが、とても透明性があるようです。仕事を頑張る原動力・モチベーションにつながっています」

書き写したからといって、経営計画書の内容を理解することはできません。

ですが、口で説明するだけよりも、「書き写したあとで説明をする」「体験をしたあとで、もう一度、経営計画書に目を通す」と方針に対する理解が進みます。

ステップ③ 教育する

男性社員は「ひとり暮らし」が入社の条件

「ひとり暮らし」の経験のない男性社員は、婚期が遅れる？

わが社は、男性社員の「ひとり暮らし」が入社の条件です（内定者は入社式までに引っ越すのが条件）。

ひとり暮らしを早くはじめた人のほうが、結果的に早く昇進しています。「1日でも早く社会に出たい」「1日でも早く武蔵野の一員になりたい」という意欲が、入社後に成績としてあらわれるからです。

1月末までに引っ越しをした内定者に、「**フライング手当**」を支給しています。

あるとき、内定者の母親から、

「実家からでも会社に通えるのだから、息子のひとり暮らしには反対です」

のご指摘をいただきました。息子を溺愛（できあい）する母親にとって、息子と離れるのは耐え難かったようです。

私は母親にこう答えました。

「わが社の、30代以上の男性社員で、独身者は全体の約5％以下です。この5％には共通点があります。それは、『ひとり暮らしの経験がなかった』ことです。

ひとり暮らしをしている男性は、していない男性よりも自立心があります。ラクができない分、ハングリーさが違います。実家にいるよりお金がかかり、家事も自分でこなさなければならないからです。

では、お母さんにお尋ねします。息子さんが結婚しなくてもいいのですか？

息子さんは武蔵野への入社を希望しています。もう一度、息子さんと話してみてはいかがですか？」

母親は、息子のひとり暮らしを認めました。

また、こんなことを言ってきた母親もいます。

「ひとり暮らしをさせるのはかまいません。ですが、時期が悪い。うちの子の運勢を占ってみたところ、『6月まで家を出ないほうがいい』と結果が出ました。ひとり暮らしをさせるのは、6月以降でもよろしいでしょうか?」

私は、こう答えました。

「『入社式までに引っ越す』のが、わが社の方針です。息子さんにも事前に伝え、同意を得た上で内定を出しています。入社前にひとり暮らしができないのであれば、内定を辞退していただくことになります。もう一度、息子さんと話をしてみてください」

人が採れない時代に、私としても内定辞退は避けたい。それでも私は、母親に迎合することはできない。例外を認めてしまえば、価値観と方針の共有が図れなくなるからです。

親の協力が得られない社員は、離職につながりやすい

学生が、最終選考に進むには、**「親の推薦文」**をもらってくるのが条件です。

親の同意、親の協力、親の理解がないまま入社をすると、離職につながりやすい。子どもが「辞めようかな」と悩んだときに、親が背中を押すからです。

ですが、親が「武蔵野はいい会社だ」「小山昇という社長は信用できるから安心だ」と認めた上で入社した新卒社員は、簡単には辞めません。親が「もう少し頑張ってみてはどうか」と引き止めてくれます。

政策勉強会（年2回、パート・アルバイト・社員、ビジネスパートナーが集まる勉強会）に、内定者のご両親にも参加をお願いしているのは、武蔵野の「ありのままの姿」を知っていただきたいからです。

コロナ禍の政策勉強会を両親と一緒にネットで見た学生は多いです。

第3章

採用した人を「成長」させる組織づくり

福利厚生を充実させて、会社の魅力を高める

福利厚生の充実が、内定辞退率と新卒の離職率を下げる

就活生の志望動機はさまざまです。「社会に役立つ仕事ができそうだから」「自己成長できそうだから」「海外で活躍できそうだから」「社員の仲が良さそうだから」「大学時代に学んだ知識を生かすことができそうだから」……。

就職先を選ぶ基準は人によって違っても、就活生の多くが「入社の決め手」として重視しているものがあります。「給料、残業、福利厚生」といった「条件」です。

私は、**新卒社員向けの福利厚生を充実させて、会社の魅力を高めています。**

【内定者、新卒に関連する福利厚生の一例】

・タブレット端末(iPad)の貸し出し

全従業員(内定者も含む)にタブレット端末(iPad／iPad mini)を貸与し、クラウド上での情報共有を進めています。業務のみならず、私用も認めています。

・5万円分の旅行券を支給

社内勉強会や社内イベントに参加すると、1回の参加につき、1個「ハンコ」がもらえます。そのハンコを100個ためると、「5万円分の旅行券」と交換できます。内定期間中にハンコをためて、卒業旅行に充てる内定者もいます。

・自動車免許取得

合宿免許にかかる費用(約30万円)を会社が負担します。内定者のグループで合宿免許に申し込み、「旅行気分」を味わう内定者もいます(笑)。合宿は新潟県南魚沼市にある経営サポート会員、株式会社六日町自動車学校(佐藤与仁社長)にお願いしています。自動車教習がない時間には、環境整備をさせています。

・奨学金補助制度

大学時代に奨学金をもらっていて、返済が残る新卒社員には、補助制度を用意しています。補助は、在籍している期間です。条件を満たした新卒社員に対し、返済金額の大半を補助します。補助額は入社後の評価によって決まるので、新卒社員のモチベーション喚起にもつながります。

A評価は、半年の返済金額の半分を支給で最大15万円の社員もいる。B評価は一律1万円です。

・引っ越し手当

入社時に新卒社員が会社の近くに引っ越す場合、5万円の手当を支給します。1月末までに引っ越し、規定の日数で社内アルバイトをした内定者には、別途、「フライング手当」を支給しています（2月はアルバイトに10日間入れば家賃半額補助、3月はアルバイトに15日間入れば家賃全額補助）。

・住宅手当

入社後3年間、ひとり暮らしの新卒には住宅手当を支給しています（1年目は月2万円、2年目は月1万5000円、3年目は月1万円。会社が指定する駅から徒歩15分以内）。

・親孝行手当（新卒・昇進時）

新卒社員は、入社してはじめてのゴールデンウィークに帰省し、初任給で親に食事をごちそうすると、実家までの往復交通費を全額支給します。濵元未央課長の実家は鹿児島で往復の飛行機代、7万7000円を支給したこともありました。

・長期有給休暇

幹部社員は毎年連続で9日間、一般社員は毎年連続で5日間の有給休暇を取得できます。

・通勤手当

上限4万円まで支給しています。

・禁煙手当

たばこを吸わない人に、年間最大20万円を支給しています。

人が採れないのは、「人がいないから」ではなく、「その会社に魅力がないから」です。会社に魅力があれば、景気がどうであれ、人は集まります。

魅力を付加するための施策が、福利厚生制度です。

価値観教育を徹底して、「それなりの新人」を戦力化する

手間をかけて社員を教育する以外に、利益を出す方法はない

中小企業にとって、人材の成長が会社の成長です。人が成長すれば、それだけ会社の業績もよくなります。商品やサービスはどの会社もすぐに真似できるが、人そのものは決して真似できません。

社員教育に力を入れている会社は、武蔵野以外にもあります。ですが、わが社が他の会社と異なるのは、「営業教育や技術教育といったスキル教育」だけでなく、「**価値観教育**」に力を入れていることです。

私は、「そこそこ、それなり」のレベルの人材を揃えた上で、社員教育（価値観を共有するための教育）を徹底しています。すると、「そこそこ、それなり」でも、小山昇と同じように行動できるようになる。これが武蔵野の強さです。

社員が社長の指示通りに動くのは、社長と社員の「価値観が揃っている」からです。

コップを伏せた状態のまま水を注いでも、水は入りません。コップに水を入れたければ、上向きにしなければならない。「全員のコップを上向きにする」ために必要なのが、価値観教育です。

すべてのコップが上を向くように、社員教育に力を入れています。

わが社に、「年間休日の多さよりも給料の高さ」を優先する社員もいれば、「給料の高さよりも年間休日の多さ」を優先する社員もいます。どちらも正しい。

ですが、自らの価値観だけで仕事をしたら、組織はたちまち烏合の衆（うごうのしゅう）となってしまう。そうならないように、烏合の衆をひとつにまとめて組織化し、成果を挙げることが社長の役目です。

「環境整備」「早朝勉強会」「バスウォッチング（観光バスで各営業所を見学）」といっ

た取り組みも、経営計画書の書写も、社長と社員、上司と部下の価値観を揃えるための教育です。

中小企業にとって、社員教育にお金をかけるのは、たやすいことではありません。

しかし、私が指導してきた会社の中で、「社員教育にお金をかけすぎて、倒産した会社」は、1社もない。

「中小企業は、お金と手間をかけて社員を教育する以外に利益を出し続ける方法はない」

私はそう断言します。

社員の定着と会社の成長のためには、教育研修費を惜しんではいけないのです。

専任の教育係が新人を指導する

武蔵野は、「**お世話係**」（入社2年目社員）が、新卒社員の指導を担当しています。

・お世話係

2年目社員が、新人のフォローをする。直接の上司には弱音を吐けなくても、お世話係の先輩社員になら、悩みや不安を吐き出すことができる。

新卒社員の教育にふさわしいのは、「実力のあるベテラン社員」ではなく、「新卒社員よりも、少しだけ経験がある社員」です。

新人のレベルに合った教育をするほうが、成長は早くなります。2年目、3年目社員に新卒社員の「先生」を任せると、彼ら自身の成長機会にもつながります。

経営サポート商品サービス部の落合美月課長は、新人時代を振り返って、次のように話しています。

「年の離れている上司よりも、年の近い先輩のほうが声をかけやすいと思います。わからないことがあっても、すぐに聞くことができれば、問題を長引かせることはありません。すぐに解決できますから、どんどん吸収できる気がします。

また、私も2年目のとき、お世話係を経験しました。新卒を指導する立場に立つと、『しっかりしなければ』という意識が芽生えるので、まわりからも『落合は変わった』

と言われました」（落合美月）

新卒社員の失敗を容認する

普通の会社の社長は、入社式で「みなさんに、期待しています」と挨拶します。ですが、私は違います。

「みなさんには、期待していません」

と挨拶をします。

赤子も同然の新卒社員に、いきなり業績を求めることはしません。

私が新入社員に期待するとしたら、それは業績や成績ではなく、「失敗の数」です。

わが社は、「**失敗ウエルカム**」です。

新人の成長にとって大切なのは、

「一所懸命やったにもかかわらず失敗した」

という体験です。

失敗して問われるのは、「何に挑戦した」かです。

「会社に多くの迷惑をかけた新卒社員」ほど、結果的に新人賞や優秀社員を獲得していきます。なぜなら、失敗体験が成長の糧になるからです。

学生を卒業して、社会人となり、仕事をする。すると、経験がないから失敗をする。そして、**「なぜ失敗したのか、どうすれば次はうまくいくのか」**を考え、改善する。こうして人は成長します。

社長が、あるいは管理職が新卒社員の失敗を許さなければどうなるか。彼らは失敗するたびにストレスを抱え、そして辞めていきます。

ですが武蔵野は、失敗の数を評価する会社です。「失敗を恐れてチャレンジしない社員」と、「チャレンジをした結果として失敗した社員」では、後者を評価します。だから人が成長します。

入社1年目から活躍する新卒社員の共通点

新人賞を受賞した「3人の逸材」の共通点

新卒も中途もチャンスは平等に与え、結果で区別する会社です。したがって、新人でも頑張ればすぐに課長になれるし、ベテランでも頑張らなければ一般社員に更迭されます。

マーケティング事業部の日高歩美（2017年入社）、ライフケア事業部の齋藤由莉佳（2018年入社）、メリーメイド事業部の深井玲那（2019年入社）の3人は、入社1年目に、新人賞（新卒社員、中途入社社員の中で優秀な成績をおさめた新人に与える賞）を受賞しています。

齋藤由莉佳は入社2年目で部長代理に、深井玲那は1年で課長に昇進した逸材です。
新人賞を受賞したこの3人には、大きく「2つ」の共通点があります。

【新人賞を受賞した社員の共通点】

①「数字」への意識が高い
②周囲を巻き込む力がある

①「数字」への意識が高い

やみくもに仕事をしても、結果を挙げることはできません。結果を残すためには、「目標」とする数字を持つことが大切です。

目標とする数字が決まれば、「その数字を達成するために、何をすべきか」「やらなければいけないことと、やめるべきことは何か」が明らかになります。

日高歩美は入社時メリーメイド事業部で、「1年間の売上目標から逆算して月の目標を決め、それを実行する」ことに腐心したと話しています。

「数字の目標をつくって、その数字を常に追いかけていました。もちろん、目標を達成しない月もありました。達成しなかったときは、『来月は、こういうふうにしてみよう』とやり方を変え、軌道修正をする。挫折しそうになったこともありますが、それでも『必ず目標は達成できる』の思いを持って、コツコツやっていきました。

その結果として、『新人賞』をいただけたのではないでしょうか。目標と現実の差を見据え、改善を続けたことで、数字から逆算して考える習慣が身についたように思います」（日高歩美）

齋藤由莉佳も入社時メリーメイド事業部で、「自分が新人賞をいただけたのは、数字を意識した結果」と自己分析しています。

「新人賞につながった理由を自分なりに考えてみると、『誰よりも数字に対するこだわりが強かった』ことだと思います。自分の数字とライバル（同じ事業部の先輩社員）の数字を毎日チェックして、『ライバルに差をつけるにはどうしたらいいのか』『自分に足りないものは何か』を考えながら仕事をしていました」（齋藤由莉佳）

日高歩美は、前年度までの記録（新人賞を受賞した社員の数字）を塗り替えて、新人賞を受賞しました。その日高の数字を上回り、新人賞を獲得したのが、齋藤由莉佳です。

齋藤由莉佳の数字は、「この先、抜ける新人はいないのでは」と思えるほどの好成績でした。ところが、その記録もわずか1年で抜かれてしまいます。深井玲那が齋藤の数字を上回った。

深井は、「大きな目標を小さな目標に細かく落とし込んでいった」と話しています。
「齋藤さんの数字を超えるために、1カ月でどれくらいの売上が必要かを計算し、週割にして、さらに日割にして、どんどん数字を小さくしながらクリアしていきました。目標を達成できないときは、先輩にアドバイスをもらうこともありました」（深井玲那）

悩む深井にアドバイスを与えていたのが、深井が目標とする齋藤由莉佳でした。

じつは、「齋藤由莉佳が新人賞を獲れるようにアドバイスしたのは、日高歩美」で、「深井玲那が新人賞を獲れるようにアドバイスしたのは、齋藤由莉佳」です。

つまりこの3人には、「日高歩美→齋藤由莉佳→深井玲那」という先輩後輩の関係が成立しています。日高も齋藤も、**「自分の数字を上回るための方法を後輩に教えていた」**

ことになります。

「自分の記録は超えられたくない」「自分が一番でいたい」と思う人が多い中で、日高も齋藤も、「後輩に、自分を超えてほしい」と願った。その理由を齋藤は次のように話しています。

「深井さんには、私の月ごとの数字を開示して、『ライバルの数字だけではなく、私の数字を毎回超えるように』と指示させていただきました。高い目標を設定したほうが、その後の成長につながるからです。私自身、日高さんの数字を目標にしたから、上を目指す気持ちになれたのは間違いありません」（齋藤由莉佳）

②周囲を巻き込む力がある

新人賞の評価は、個人の成績のみならず、所属する部門の成績とも連動しています。

したがって、周囲の協力が不可欠です。

周囲の協力を得るために大切なのは、次の「2つ」です。

1　「新人賞を獲りたい」と公言する

「新人賞を獲りたい」と前向きな姿勢を見せなければ、周囲は協力しません。新人賞を獲ろうと頑張っている新人と、そうでない新人がいたら、周囲は間違いなく「頑張っている新人」を応援します。

2　パート・アルバイトを大切にする

全従業員のおよそ3分の2は、パート・アルバイト・派遣社員（非正規雇用のスタッフ）です。支店・部門の成績を上げるには、パート・アルバイトの力が欠かせません。そのためには、「社員が上、パート・アルバイトは下」の上下意識をあらため、パート・アルバイトを尊重する姿勢が大切です。

深井玲那は、「パートさんと笑顔で接することを心がけていた」と話しています。

「齋藤さんから『パートさん、アルバイトさんは、私たちより長く仕事をしている先輩で、先輩の言うことを必ず聞くように』と教えていただきました。ですから、日々の人間関係の中で、パートさん、アルバイトさんに協力してもらえる態勢をつくることを常に意識していました。感謝の気持ちを忘れず、笑顔で接することを心がけました。

齋藤さんも、日高さんも、私と同じ『ケア事業部　メリーメイド立川』出身です。

パートさんから『深井さんも、新人賞を狙っているんでしょ（笑）』と声をかけていただけたので、協力してもらいやすい環境だったと思います。新人賞を狙うのは、立川の伝統みたいな感じになっていますね（笑）」（深井玲那）

新卒を伸ばす上司と、新卒をダメにする上司の違いとは?

新卒を伸ばす上司、ダメにする上司の共通点

部下を育てるのは、上司の仕事です。
私は、
「たくさんの部下にA評価を取らせた上司」＝「優秀な上司」
と考えています。
部下にA評価を取らせなければ、「部下を育てた」とは言えません。
前述した日高、齋藤、深井が圧倒的な成績で新人賞を受賞できたのは、もちろん本人

の努力の賜物ですが、一方で、「先輩に恵まれたから」でもあります。

「自分の記録が破られる」ことをいとわずに、日高は齋藤を、齋藤は深井を指導した。そして、新人賞を獲らせた。

日高と齋藤は、「先輩としても優秀である」と解釈できます（深井が指導している2020年入社の岩﨑優衣も、新人賞候補です）。


武蔵野に、新卒を伸ばす上司もいれば、新卒をダメにする上司もいます。

新卒を伸ばす上司と、ダメにする上司には、どのような違いがあるのでしょうか。

◉新卒をダメにする上司

・自慢が多い
新卒をダメにする上司は、自慢話が多い。部下を励ますつもりが、いつのまにか「俺はこんなに仕事ができる」「自分の若いときはもっと頑張っていた」と自慢話にシフトする傾向があります。

とくに、お酒が入ると自慢話になりがちなので、わが社の懇親会は「**自慢話は禁止**」

とルールを設けています。自分の自慢ではなく、部下の自慢をする上司は優秀です。市倉裕二統括本部長は部下の自慢をする名人です。部長時代懇親会で、1分間1000円で3分まで部下の自慢をしてよいルールをフル活用した。部下を横に置き社長にこんなに頑張っていると数字を付けて自慢をしていました。

・ケチである

「成果や結果をひとり占めしたがる」「自分が培ってきたノウハウを公開したがらない」「部下と食事に行ったとき、必ず割り勘にする」など、ケチな上司は部下を伸ばすことができない。「周囲の協力がなければ、仕事は成立しない」の意識が希薄だからです。

私は課長職以上に、毎月ひとり5000円（上限5人）の飲み会手当をつけているが、「その範囲で抑えよう」とケチなことを言う管理職は、たいてい結果が出ない。

ダメな上司は、「自分が儲かること」に目が向いています。「どうすれば、もっと自分の給与がよくなるか」「どうすれば、もっと稼げるようになるか」を考えて仕事をする。

反対に、デキる上司は、「**稼いだお金をどう使うか**」に目を向けています。「稼いだから使う」のではなく、「人のために身銭を切ることで、稼げるようになる」ことがわかっています。お金にかぎらず、自分が持っているものを人に差し出せる上司は、部下からの信頼も厚くなります。

・挫折体験が少ない

挫折経験がない人は、人の傷みに気づきにくい。仕事はデキても、「仕事がデキない社員」の気持ちが理解できないため、部下に寄り添おうとしません。

一方、挫折を知っている上司は、部下の気持ちがわかります。だから、部下の失敗を頭ごなしに責めることもない。

私は、一度も挫折を味わったことがない社員に、苦い思い（失敗の経験）をさせます。

A評価を取り続けている若手社員を意図的に課長に昇格させる。すると、課長職になったばかりの新人課長は、もうすぐ部長になるベテラン課長にもまれて、評価を落として「悔しさ」を経験します。その悔しさが、課長の器を大きくします。

どれほど実力があっても、必ず「挫折」を経験させるのがわが社の仕組みです。

◉新卒を伸ばす上司

・失敗体験を話せる

誰もが「失敗から学ぶ」ことの大切さをわかっていながら、実際は、「失敗を直視したくないし、言いたくもない」のが人情です。

ですが、「弱みを見せることに抵抗がある上司」「自己開示ができない上司」に、部下を伸ばすことはできません。

部下が失敗したとき、「自分も若いころに同じ失敗をした」と自己開示ができるようになると、部下は上司を信頼します。失敗談を語れるのは、「その失敗を乗り越えている」からです。

失敗した部下に対しては、「気づけてよかったじゃないか。ひとつ前進だな」と認めてあげる。そして、自分の失敗談と、その失敗をどうやって克服したのか、そのプロセスを開示する。

そうすれば部下は、

「次は失敗しないように頑張ろう」

「失敗を許してもらえるから、どんどんチャレンジしよう」

と前向きになります。

環境整備点検の拠点活動はバスですが、車中で一人5分から10分を割り当て、自分の失敗談を話す訓練をします。失敗や挫折のない話は出てくるまで何度も話させます。

・頻繁に声をかける

新卒を伸ばす上司は、部下に声をかける回数が多いのが特徴です。

デキる上司は、「今日は元気がないけど、どうした?」「悩みがあれば、遠慮しないで相談してほしい」「いつも頑張ってくれて、ありがとう」と部下に声をかける習慣を持っています。

声をかけられた部下は、

「自分のことを気にかけてくれている」

「何かわからないことがあったら、上司に相談しよう」

と思うようになります。

・現場に同行させる

「ああしろ、こうしろ」と口で説明するだけでは、部下は育ちません。現場、現実、現物を体験させるのが一番です。

現場は、真実を知るための情報の宝庫です。

自分が現場に出るときは、部下を同行させる。すると部下は、

「どこを見て、どのような判断をしているのか」

といった、上司の知見を理解できます（わが社は、上司の部下現場同行の回数を毎月申告させています）。

上司と部下が現場をともにすると、

「部下がサボらない」

「座学では学べない実践を理解できる」

「上司と部下のコミュニケーションが取れる」

ようになるため、部下が成長します。

クリーンリフレ事業部の小田島圭佑は、自他ともに認める「ダメ課長」でした。

小田島は、入社2年目に課長に就任。スピード出世です。

課長就任当初、「自分ができることは、部下も同じようにできる」と考えていたため、成長速度の遅い部下の気持ちがわからなかった。小田島は当時を振り返り、次のように話しています。

「課長になりたてのころは、部下がどうして自分と同じようにできないのか、それがわからなかったんです。ようは、自分中心で考えていました。私は大きな失敗もなく課長になったので、生意気だったのでしょうね（笑）。

あるとき、人づてに『小田島さん、部下からこういう声が上がっているよ』と教えていただき、ようやく自分の間違いに気がつきました。自分では『いい上司』でいたつもりが、部下からは、扱いにくい上司だと見られていた。

最近になってようやく、『部下がどういう状況にあるのか』を考える余裕ができてきました。

自分から部下のところまで降りていって、部下に寄り添って、部下の立場で一緒に考えるように心がけています。部下は4人。私が接し方を変えてからは、部下の成果も少しずつ上がっています」（小田島圭佑）

部下を成長させるフィードバックの条件

正しいフィードバックは、正しい情報があってこそ

上司は、「部下の成長をうながす」ために、あるいは「新卒社員をいち早く一人前にする」ために、正しいフィードバックをしなければなりません。

フィードバックは、

「部下の行動や結果を評価して、次の行動をよりよくするための指示を与えること」です。フィードバックの上手な上司は、部下を成長させることができます。

では、どうすれば、部下を伸ばす「正しいフィードバック」ができるのでしょうか。

正しいフィードバックをするには、

「部下から正しい情報を受け取る」
「部下の現状を正しく把握する」
「現場・現実を正しく理解する」

ことが前提です。つまり、部下から上がってくる情報が間違っていたり、あいまいだと、優秀な上司でも、正しいフィードバックはできません。

正しいフィードバックができるのは、正しい情報があって、です。

とくに、職責が上にいくほど現場から遠ざかっているため、現場の状況を把握するには、部下からの正しい情報が不可欠です。

重要度順に数字で報告させる

わが社は、日報を毎日書いて上司に提出する決まりです。

日報はクラウド化され、全社員がタブレット端末（ipad や ipad mini）を使って現場から報告します。

日報の形態は、現場の情報を正しく伝えるために、「内容と順番」はルール化しています（日報だけでなく、会議も5つの情報を決められた順番での報告が決まりです）。

【報告の順番】

(1)数字（実績報告）

誰が、何を、どれだけ売り上げたか。どの部門がどれだけの黒字（赤字）を計上したか。売上、粗利益、営業利益、新規件数、解約件数など。

(2)お客様からの声

お客様にほめられたこと、叱られたこと。とくに、お客様からのクレームを集めるのが重要（お客様の発言はカギカッコでくくる）。

(3)ライバル情報

ライバルが、どういう体制で、どういう営業攻勢をしかけているのか。

(4)本部・ビジネスパートナー、市場の情報

仕入れ先や取引先などの情報。

(5)自分・スタッフの考え

お客様やライバル会社の動向を踏まえていない「自分の考え」は、ほとんど役に立た

ない。したがって、自分の意見を述べるのは最後。

専務取締役、矢島茂人は、「部下に情報発信の正しい習慣を課していないと、上司は正しくフィードバックできない」と述べています。

「普通の会社だと、部下が上司に『今日はこういうことをやりました』『今日は○○さんに会いました』『今日も大変でした』と報告して終わりです。ですが、こうした報告の多くは、『感想』にすぎません。上司が知りたいのは、現場の数字と、お客様の声と、ライバルの客観的な情報です。客観性を欠いた情報をいくら聞いても、正しいフィードバックはできません。

組織のリーダーは、『**どのように報告するのか**』をルール化した上で、部下に『**正しく報告する習慣**』を身につけさせておく必要があります。

ポイントは、重要度順に数字で報告させることです。数字とお客様の声を拾っていない部下と、数字とお客様の声を大事だと思っていない上司が何万回フィードバックミーティングをしても、時間の無駄になるだけです」（矢島茂人）

社員に勉強をさせる「もっとも効果的な方法」とは？

社員が勉強をするのは、「お金」がほしいから

自発的に勉強する社員はひとりもいません。武蔵野は、「勉強嫌いの集まり」です。それなのに、同規模の中小企業と比べたら、社員ひとりあたりの勉強量は、群を抜いて多いと思います。

どうして社員は、勉強嫌いなのに勉強をしているのでしょうか？

それは、「小山昇にお金で釣られているから」です（笑）。

不謹慎と反論されることを承知で極論すると、勉強嫌いの社員に勉強をさせる「もっとも効果的な方法」は「**お金で釣る**」ことです。

人には、成長欲求があります。未来を今よりもよいものにしたいと思っている。けれどそれ以上に、「面倒なことはしたくない」「ラクをしたい」の気持ちが強いものです。そこで、

「勉強をした人は評価を上げて、勉強をしなかった人は評価を下げる」ようにしています。社員教育のプログラムが多岐にわたって用意されて、「どのプログラムに、何回、出席したか」を人事評価に連動させています。

社員が、眠い目をこすって「早朝勉強会」（朝7時30分から）に参加するのは、「お金がほしい」「お金を減らしたくない」という不純な動機があるからです（コロナ禍により現在は休止。オンラインによる「経営計画書方針解説」に切り替え。真面目に視聴しないから、5分ごとに質問票を用意している）。

【社員が早朝勉強会に参加する理由】

・早朝勉強会の参加は自由です。ただし、参加した回数を人事評価に連動させています。

「半期に20回出席」しないと、「方針共有点」（価値観を共有するための勉強会にどれだ

け参加したか）が下がり、賞与が減ります。

↓賞与が減るのが嫌だから、参加します。
・1回参加すると、「500円相当の報奨スタンプ」がもらえます。
↓報奨スタンプがほしいから参加します。
・2018年からは、研修残業代を支給しています（最低賃金×1・25）。
……研修残業がほしいから参加します。最低賃金を「1000」円で計算すると、
1250円もらえます。

つまり社員は、

「賞与が減るのは嫌」

「500円の報奨スタンプを押してほしい」

「研修残業代がほしい」

ため、嫌々ながらしかたなく勉強をします。会社経営も、社員教育も、結果が清く正

しければいいのであって、社会通念上許される範囲であれば、「動機は不純でもいい」と私は考えています。勉強する理由は「お金のため」であってもかまわない。

「お金で釣る」とは、言い換えると、

「頑張った社員には、頑張っただけ収入が増える仕組みをつくる」

ことです。理由はどうあれ、数をこなして勉強会に参加すれば、いつの間にか会社の文化を理解するようになり、価値観が揃います。


【経営計画書方針解説】


早朝勉強会は、1開催100名ほど集まるため、「密」が避けられません。そこで、「経営計画書」を活用したオンライン勉強会を開始しました(一般にも公開)。

毎週月曜日に小山昇が自ら解説をした『経営計画書』の動画を配信します。自由な時間に視聴できます。

同一グループの社員が学ぶ「武蔵野大学校」

職責に応じて、「グループ」が決められています。グループは次の「6つ」に分かれています。

・1グループ／一般社員（現在の1等級で、中途入社の短大・専門・高校卒）
・2グループ／一般社員（大卒ならびに中途入社の短大・専門・高校卒で実務経験が多い人、または優秀な成績のアルバイト）
・3グループ（2・5グループ）／課長（2・5グループは幹部候補生。2・5グループは、規定の教育を受けないと手当がつかない）。
・4グループ／部長
・5グループ／本部長
・6グループ／統括本部長

「グループごとに社員教育をする制度」があります。それが別名「武蔵野大学校」です。武蔵野大学校の中には、小学校、中学校、高校、大学があります。

・小学校……1グループ対象

仕事の基本・初歩を学ぶ。武蔵野の方針を学ぶ。

・中学校……2グループ対象

営業研修など、課長になるノウハウと姿勢を身につける。

・高校……3グループ対象

部下のマネジメント方法を身につける。

・大学……4グループ対象

チェック講師（経営サポートパートナー会員に向けて、経営計画作成に関するアドバイスをする講師）になるための知見を身につける。

講師は、同一グループ内の社員が務めます。社員を講師にすると「講師と生徒のレベルが離れすぎていないので、理解をうながしやすい」「講師を務める社員の学びになる」といったメリットが期待できます。

年上や同期が部下になったとき、どのように接したらいいか？

同期と競わせると、人は変わる

力はあるのに、その力を発揮しない社員がいます。彼らを本気にするために、カンフル剤として、

「同期、あるいは後輩を上司にする」

ことがあります。

同期や後輩の下につけると、彼らの目の色が変わります。

重谷俊樹と安藤孝徳課長は、２０１６年入社の同期です。この２人はかつて、「安藤が上司、重谷が部下」だったことがあります。

入社当時は「仲間」だった重谷が部下になったとき、安藤は何を感じ、どのように接したのでしょうか。

「最初は、重谷との距離感がわからなくて、戸惑いました。仕事でもプライベートでも中途半端な感じになって、正直、やりにくかったですね。

面談では、私が重谷に『もっとこうしたほうがいいのでは』とフィードバックをしなければならないものの、正直、言いにくかったです。私も気を使いすぎて、よくわからない敬語を使っていましたから（笑）。

重谷も同じように感じていたと思います。彼のほうから『サシ飲みをしよう』と声をかけてくれて、お酒を飲みながら『仕事中は、上司部下として、こういうふうにやろう』『けれど、プライベートでは同期として仲良くやろう』のルールを決めました。それからは、ずいぶんやりやすくなりました。

私が重谷の上司だった期間は、4カ月ほどです。重谷は『いつまでも安藤の下にいたくない』と思ったのでしょうね、きちんと結果を残して総務課長で異動していきましたから（笑）」（安藤孝徳）

年上の部下にも遠慮はしない。しかし「配慮」は忘れない

自分の同期を部下に、あるいは、自分よりも年上を部下に持つときに大切なのは、次の「2つ」です。

①部下の目標を共有する

部下が「どうなりたい」とわからなければ、適切なマネジメントはできません。ですから、「出世をしたい」と思っているのか、それとも「今のままでいい」と思っているのかをはっきりさせます。「無理なく仕事をして、ほどほどの給料をもらえばいい」という部下の教育はあと回しでいい。上司は「出世をしたい部下」をえこひいきして育てるのが正しい。

②配慮はするが、遠慮はしない

同期、年上だからといって遠慮はしない。やってほしいことがあれば、「こうしてください」と指示を出さなければなりません。ただし、配慮がない言葉遣いをすると、部

下の信頼を得ることはできません。上司と部下は、役割が違うだけであって、「人間」としては同等です。上司としては遠慮しない。けれど、人として配慮することが大切です。

秦野裕亮（現・経営サポート事業部）はダスキン事業部のころ、５名の部下を持っていました。部下は、全員「年上」です。

秦野は、「立場上は自分が上司でも、経験年数は自分が一番少ないので、『みなさんに教えていただく』というスタンスを貫いた」結果です、と言います。

「指示を出したり、命じたりするのではなくて、相手の人間性に配慮しながら、『お願いをする』という気持ちを持つようにしています。

役職は私のほうが上でも、みなさんのほうがキャリアは長いですし、業務にも精通しています。年上の部下を持つときは、『協力していただく』の姿勢を前面に出すことが大事だと思います」（秦野裕亮）

第4章

人が辞めない組織のつくり方

「やりがい」だけでは、仕事が続かない理由

「お金」か、それとも「やりがい」か

給料に対する考え方は、人それぞれです。

「給料よりやりがい」と考える社員もいれば、「やりがいよりも給料」と考える社員もいます。

私はこれまで、45年近く社長業に携わってきました。何百何千という社員を見てきた結果として、

「やりがいはあったほうがいい。けれど、やりがいだけでは仕事は続かない」

「やりたくない仕事でも、給与額に満足できれば、人は頑張れる」

「やりたくなかった仕事でも、価値観の揃った仲間がいれば、やりがいを見出すことができる」

と考えています。

武蔵野は、「やりたいことがやれる会社」ではありません。

「会社が決めたことをやってもらう会社」です。

社員は、やりたくないこともやらなければならないし、その覚悟を持って入社しています。ですから私は、お金で釣る。

すなわち、「やりたくないことをやってくれた分、相応のお金を払って、頑張りに報いたい」と考えています。

「よく頑張った」とほめられると、人はうれしい。

その上で、「これだけ頑張ったから、これだけ賞与を上げる」と言われたら、もっとうれしい（笑）。

「お金のためだけに働いているのではない」の考え方を私は否定しません。ですが、

「**お金があれば、仕事に対するストレスは軽減する**」のも事実です。

以前、社員に聞いたことがあります。「給料が今の倍になれば、仕事の不満はなくなると思うか？」

全員がこう答えました。

「なくなります」

それが人間の心理です。

年収が高くなるほど、充足感を得られやすい

ノーベル賞を受賞した経済学者、ダニエル・カーネマン教授は、45万人を対象に行った「年収と幸福度」に関する分析結果を発表しています。教授によると、次のことがわかったそうです。

・「年収420万円以下の人」……年収が増えていくと幸福感が増え、感じる「ストレス」も減少する。

・「420万円以上800万円以下の人」……年収に比例して幸福感も増えるが、ストレスはあまり変化しない。

・「800万円以上の人」……収入が増えても幸福感はほとんど変化しない。

この結果から、年収800万円までの人は、お金が仕事のやりがいと結びつきやすいことがわかります。

年収が高ければ精神的にも安定し幸福感を覚える。一方で年収が低ければ、心の充足感が得られにくくなります。

総合情報ニュースサイト『マイナビニュース』が、ビジネスマン300人を対象に「お金とやりがい、仕事に求めるのはどっち？」を聞いたところ、

・お金………55・2%
・やりがい……44・8%

という結果となり、「お金」が「やりがい」を上回っています。

男性だけでなく、女性にとっても、「給料」「年収」は仕事のモチベーションにつながっています。

女性総合サイト『マイナビウーマン』が22~34歳の女性を対象に実施したアンケートによると、「現在、どちらかといえば、お給料とやりがいのどちらを優先して働いていますか?」という質問に対して、「お給料」と回答した人が約6割という結果になりました。

・お給料……………61・0%
・やりがい…………39・0%

賃貸物件検索サイト「アットホーム」が運営する情報メディア『at home VOX』でも、同様の結果が出ています。

20~59歳の男女516名を対象に「あなたにとって仕事をしていく上で、もっとも大事だと思うことは何ですか?」という質問をしたところ、「第1位」は、次の結果となりました。

【あなたにとって仕事をしていく上で、もっとも大事だと思うことは何ですか?】

・20代男性……給料　40・0%

・30代男性……給料　34・4%
・40代男性……給料　53・8%
・50代男性……やりがい　37・5%
・20代女性……人間関係の良さ　35・4%
・30代女性……給料　31・3%
・40代女性……給料　40・0%
・50代女性……給料　35・9%

超ブラック企業だった武蔵野は、なぜホワイト企業に変われたのか？

給料が仕事の最大のモチベーションである以上、「人事評価制度」を明確にする必要があります。

武蔵野はかつて、社員がまったく定着しない超・超・超ブラック企業でした。「株式会社ブラック企業」と揶揄されたほどです。

現在、離職率が極めて低い（定着率が極めて高い）「ホワイト企業」に生まれ変わっています。

わが社が生まれ変わることができたのは、2つの理由です。

ひとつは、前述したように、社員教育に力を入れて「新卒社員の価値観を揃えた」こと。

そしてもうひとつが、

「人事評価制度を見直した」

ことです。

「頑張っても給料が上がらなければ、やる気をなくす」のが、まともな社員です。

「少しくらいやりたくない仕事でも、お金をたくさんもらえるのなら頑張る」のも、まともな社員です。

中小企業の多くは、評価体系がありません。社長の「どんぶり勘定」や「鉛筆ナメナメ（数字を操作する）」で給与も、賞与も決まることが多い。

評価体系があっても、機能していません。給料と賞与に明確なルールがなく、会社

（社長・一部の幹部）の好きなように決められたら、社員はやる気を失います。

わが社は、**人事評価の基準が経営計画書に明示されています。**

「これをやったら、あなたにこれだけあげるよ」

「これをやらないと、賞与が少なくなってしまうよ」

「これだけ業績を出せば、給料がこれだけ上がるよ」

「A評価を3回取れば課長になれるよ」

とルールがあり公表されているので、不公平がありません。だから、やりたくないことをやらされたとしても、「やる気を失わない」です。

多くの社長は、社員に「頑張れ、頑張れ」と言いますが、「頑張ったら、これだけもらえる」という「頑張った先」が見えていなければ、社員は頑張れません。

社員にとって一番の関心事は、「給料」と「人事」です。社長の個人的な好き嫌いや胸先三寸で人事評価を決めれば、社員はやる気をなくして辞めてしまいます。

「給料」と「人事」に関する基準をつくり、運用していくのも社長の大事な仕事です。

社員の定着率を高めるには、「人事評価制度」を明らかにする

頑張った社員と、頑張らなかった社員の差をつける

わが社は、

「頑張った社員と、頑張らなかった社員の差をつける」

「すべての社員にチャンスを与え、成績によって差をつける。学歴による差別はしない」

が人事評価の基本方針です。

しっかりやってもやらなくても成績や結果で差がつかないなら、頑張らない社員がま

ともです。

人事評価制度の特徴は、次の「7つ」です。

【人事評価制度の特徴】

①基本給は年功、手当は職責、賞与は半期の成績で決まる
②絶対評価と相対評価を組み合わせる
③4つの項目を点数化して評価を決める
④月に1度、上司と部下が評価シートを使って面談を実施する
⑤給与体系勉強会を実施する
⑥給与に不満がある社員を集めて「評価制度」を改善させる
⑦「復活の仕組み」をつくる
⑧評価面談を行う

①基本給は年功、手当は職責、賞与は半期の成績で決まる

・基本給

年功序列。勤続年数の長さは、会社への貢献度に比例します。

勤続年数20年の課長と勤続年数3年の部長では、役職は部長が上でも、基本給は課長のほうが高くなります（役職手当は部長のほうが高い）。

・手当

職責に応じて金額が決まる。
3グループ（課長）／4万円
4グループ（部長）／6万5000円
5グループ（本部長）／9万円
6グループ／（統括本部長）12万円

・賞与

「半期（上期、下期）ごとの成果」で決まります。入社1年目の社員も、入社10年目の社員も、同一グループごとに相対評価（グループ内の比較）で差をつけ、頑張ったほうがたくさん賞与をもらえる仕組みです。

成果に応じて、「S評価」「A評価」「B評価」「C評価」「D評価」に分け、賞与額が決まる（評価シートを使用し、社員の成績を点数化）。

賞与は「A評価」は「C評価」の2倍、「B評価」は「C評価」の1・4倍で、「S評価」は「D評価」の4倍と大きく差を付けています。

半期ごとに評価がリセットされるため、社内に活気が出ます。今期の評価が悪かった社員は「来期こそは」とやる気を出し、今期の評価が高かった社員は、「来期の評価を下げないように」と緊張感をもって仕事に取り組むようになります。

②絶対評価と相対評価を組み合わせる

武蔵野の人事評価制度は、相対評価と絶対評価を組み合わせています。相対評価とは、グループに属する社員を比較して、評価結果に順位をつけるやり方です。4グループまでは相対評価、5グループ以上は絶対評価です。

相対評価にすると減収・減益でもS・A評価の社員が出現するから、誰も頑張りません。絶対評価ならば、C・Dになるから頑張らざるを得ない。

統括本部長と本部長は、他の社員の成績を考慮に入れず、基本的に、社員本人の成績で評価します。比較するのは、過去の自分です　前年よりも業績が上がれば、「B」以下にはなりません。前年よりも業績が下がれば、よくてB評価（悪ければC・D評価）です。

③4つの項目を点数化して評価を決める

社長や上司の主観で評価をすると社員はやる気をなくすので、評価シートに基づいて評価を決定します。

評価シートには評価項目が決められていて、次の「4つ」の項目で点数を付け、この点数を参考にしながら、個人の評価を確定します。

部下は、それぞれの項目について自己採点をします。上司も、部下を採点します。そして、お互いの採点結果をすり合わせて、「点数の違い」について話し合います。その差を埋めることで部下は成長します。

⑴業績評価

……粗利益額と営業利益で算出し、対前年度比でポイントが決まります。

(2)プロセス評価

仕事の基本行動・態度に関する次の「6項目」を評価します。

・仕事の責任を自覚し、常にお客様第一主義で仕事を行ったか。
・会社や上司の方針を十分に理解していたか。
・仕事遂行上の工夫改善や能率向上に努めたか。
・上司や同僚との仕事上の報告・連絡・相談は的確であったか。
・幅広くレベルの高い仕事ができるよう能力の向上に努めたか。
・実行計画（個人）を常に意識して仕事を行っているか。

上司の指示を守らない社員は辛（から）い点数が付きます。

(3)方針共有点

「価値観を共有」するための勉強会や行事に参加した回数をポイントにします。

⑷環境整備点

毎朝、全社員に30分間の「環境整備」を義務づけています。

環境整備は、「仕事をやりやすくする環境を整えて備えること」です。

チェックリストによって全員の担当が決まっており、その部分を30分間ピカピカに磨き込みます。環境整備の状況を定期的にチェックして（4週間に1回の環境整備点検）、賞与評価に反映させています。

職責下位の社員は「プロセス重視」、職責上位の社員は「業績重視」です。職責が低い人は、一所懸命やればよい評価を得られます。一方、職責が高い人は一所懸命やっても、結果が出なければよい評価を得られません。

4グループ以上は、業績評価点の配分が高いので「結果がすべて」です。

「毎日パチンコばかりやっていながらも、数字を上げる部長」と「まじめに一所懸命仕事をしているが、数字を上げられない部長」では、前者が評価されます。

④月に1度、上司と部下が評価シートを使い面談を実施する

社員一人ひとりが、自分の人事評価について納得するために、「毎月1回、上司と部下の個人面談」を義務づけています。

面談を行って、「どこがよかった」「どこが悪かった」「こうすればもっとよくなる」と具体的に示すことで、人事評価が下がった社員も不満を持つことなく、「次回は絶対によい評価をもらおう」と頑張るようになります。

⑤給料体系勉強会を実施する

社員にとって「自分の給料」は最大の関心事です。それなのに、「どうすれば、自分の給料が上がるのか」を知っている社員は少ない。

そこで、給料体系を勉強する「給料体系勉強会」を開催し、出席を義務づけています。

勉強会への参加は、人事評価の対象（3回出席）になっています。参加しないと賞与が下がります。3回の出席を義務づけているのは、「1回参加しただけでは、理解できないから」です。

給料体系勉強会では「10年後の自分の給料」を計算してもらいます。

自分の基本給をベースに、人事評価が10年間「オールA評価」と「オールC評価」の、10年後の給料の違いを計算します。

10年間、「オールA評価」の社員と「オールC」の社員では、累計で「1000万円以上」も違うことがわかります。

「10年後の自分の給料」を計算すると「頑張れば、給料が増える。頑張らなければ給料が減る」ことがわかる。だからわが社の社員は、「たくさん給料がほしい」の不純な動機で頑張ります。

⑥給与に不満がある社員を集めて「評価制度」を改善させる

社員から人事評価に対する不満が上がったとき、「文句を言ってきた社員」を集めて、改善案を策定させます。

ところが、改善案はそう簡単にはまとまりません。ようやく改善案ができても、全社員の理解を得て、実行させるのは容易ではない。

文句を言った社員も、自ら改善案をつくることで、「社員全員が納得する給与体系はつくれない」ことを知ります。社員がつくった改善案を運用した結果、「前（私がつくった評価制度）のほうがよかった」と社員から声が上がり、元に戻したこともありました。

文句を言ったばかりに面倒なことを押しつけられるのは嫌だから、しだいに社員は文句を言わなくなります（笑）。これがわが社の「文句を言わせない仕組み」のひとつです。

人事評価で大切なのは「全員が納得する給与体系をつくること」ではありません。「どうすれば評価が上がるのか」を社員に明確に伝えることです。

⑦「復活の仕組み」をつくる

仮に降格、更迭になっても、「3年以内にA評価をとれば、元の役職に戻れる」という復活のルールがあります。

A部長が、更迭されて課長に降格になった。次の半期でA評価を取れば、再び部長に戻れる仕組みです。

上にいた社員が下に落ちたままでいたら、やる気も萎えてしまう。武蔵野は、「自動復帰する仕組み」が明確化されているので、降格になっても元気に働ける。事実、4グループ以上の管理職の半分以上は、降格の経験があります。

成果が出ないと賞与も給与も増えませんが、「降格しても頑張れば元に戻す」といった敗者復活戦（復帰できる仕組み）を用意しておけば、今期の評価が低いからといって、腐ったり、辞めたりする社員はいなくなります。

⑧評価面談を行う

賞与面談は年2回行います。一人当たり15分、部長以上は7分です。社員と社長の一対一ではやりません。部下のことは上司が一番よく知っているからです。社長と二人きりだと社員が嘘をついてもわかりません。

私は評価シートに基づき確認します。

評価面談によって「不満を回避」しています。面談を行わなければ、「すべて人が悪い」「他人のせいにしてもいい」と社員が考える仕組みになってしまいます。一方、面談を行えば、「自分が悪い」と社員に認めさせる仕組みになります。

AからBに落ちたり、C・Dに落ちたりした社員は面談が終わると外で泣いているそうです。ここで優秀な上司の登場です。仕事が終わると居酒屋に連れ出し、すぐに「アルコール消毒（飲み会で慰労する）」です。

1〜2G社員は、上司がAを取ったときの賞与金額を電卓で計算させます。普通は部下の倍以上になる。すると、「こんなお馬鹿な上司がこんなに貰えるのか。それなら自分も出世してもっと貰おう」と頑張れる仕組みです。

個人面談の2週間後は賞与支給日です。

多くの会社は評価と賞与支給日が同じで、社員は二重に不満を持ちます。わが社は、すでに社員の不満は面談で解決しているので、賞与の「金額はいくらでもうれしい！」です。

嫌なことは先、うれしいことは後と分けています。

社員が辞めるのは、会社に非があるから

武蔵野は、「上司が嫌」になるケースが多い

中には、「辞めよう」と思いながら、踏みとどまった社員が大勢います。

会社を辞めるおもな理由は、39ページでも述べたように、

「仕事が嫌で辞める」
「上司が嫌で辞める」
「会社が嫌で辞める」

の3つです。

取締役の佐藤義昭は、「わが社は、『上司が嫌』になるケースが多い」と述べています。

「『辞めたい』という意思表示をしてきた社員と話をするとき、私は最初に、『小山さんのことを嫌いになった?』と聞きます。

すると社員は100%、『いや、そんなことはないです』と答えます。

次に、『じゃあ、会社が嫌いになった?』と尋ねます。

会社が嫌いになるのは『会社のルールを知らされてない』からです。武蔵野はルールが明確で方針共有も徹底しているから、『会社が嫌』になる社員もそれほど多くはありません。

もっとも多いのは、『上司が嫌』、あるいは『社内の人間関係が嫌』になるケースです。人間関係に原因がある場合は、**人事異動をする、上司を替える、上司の意識を変えるなどして、**離職を防ぎます。

村岡邦雄課長が、かつて私（当時部長）の下で店長をしていたときのことです。

村岡の部下数名から『今日、飲み会をやるので、佐藤さんも来てください』と誘われ、顔を出すことにしました。私は当然、店長の村岡も参加していると思っていました。ところが、村岡は呼ばれていなかったのです。

『店長の村岡がいないのはおかしいな』といぶかしく思っていると、支店のメンバーのひとりがこんなことを言ってきました。

『佐藤さん、乾杯の前にお話を聞いていただけませんか？　私たちは、村岡さんが嫌いです』。この飲み会は、村岡に対する不満を私に伝えるために催されたものだった。

私はそのときはじめて、『村岡が部下からどのように思われていたのか』『村岡がなぜ嫌われているのか』を知りました。

後日、村岡を東小金井駅前のデニーズに呼び出して、そのことを伝えました。村岡は、『嫌われている』とはまったく思っていなかったようです。部下の本音を知った村岡は、涙を流して反省しました。

その後村岡は、『部下と現場同行をする』『ランチを一緒に食べる』『サシ飲みをする』『一緒に環境整備をする』など、時間と場所を部下と共有しはじめた。その結果、部下の気持ちにも寄り添えるようになって、大量離職を防ぐことができた」（佐藤義昭）

社員が辞めるのは会社側に問題がある

最所雅哉と那須潤一も、『上司が嫌』で辞めかけています。このときも佐藤義昭が間に入って、退職防止に尽力しています。

「当時、最所の上司は、飛山尚毅（当時課長・現本部長）。最所は、飛山のスパルタ教育についていけなかった。

飛山は、『部下は、追い込まれることでひと皮剝ける』と信じていました。ところが、厳しすぎる指導は、逆効果でした。部下から、『軍隊より厳しい』『ここはヤクザの事務所ですか？』『見ているだけで怖い』と、飛山に対する批判の声が集まった。

このときは、小山が飛山を経営サポート事業部に異動させました。部下は無しです。経営サポート事業部に異動したことで、飛山は、『自分の失敗』を振り返ることができるようになったと話しています。

那須潤一（現部長）は、今から10年ほど前、志村明男（当時課長・現本部長）の部下だったときに、『辞めてやる！』と言って事務所を飛び出したことがありました。なかなかやる気を見せない那須に対して、志村は『だったら、朝から晩まで床でも磨いていろ！』と命じた。那須も頑固もので、床を磨き続けました。

2人の関係はどんどん険悪になっていき、あるとき那須が爆発。『ふざけるな！ 辞めてやる！』と声を荒らげて飛び出していったのです。

那須の気持ちをたしかめようと、私が彼と面談をしましたが……、結論から言うと、私がしたことは『聞いてあげること』だけでした。那須も『自分の悪いところ』はきちんとわかっていました。『志村さんにも反省させるから、那須さんも反省してね』と言って、手打ちです。

その後しばらくはよそよそしかったようですが（笑）、今ではお互いを認め合っています」（佐藤義昭）

会社を辞めるのは、本人の問題以上に、

「**会社や上司に非があるから**」

だと私は考えています。

武蔵野では、「社員が辞めるのは会社側に問題がある」の認識を持って組織改革を行っています。その結果、社員の離職率は大幅に減少しました。

定着率が向上（離職率が減少）した理由は、人間の心理をベースに、**「仕事」が嫌にならない仕組み、「会社」が嫌にならない仕組み、「上司」が嫌にならない仕組み**をつくり、巧みに運用しているからです。

武蔵野の新卒離職率が劇的に下がった理由

武蔵野の入社3年以内の離職率は、驚異の「5％」

新卒採用の現場は、入社後3年以内に離職することを「早期離職」と定義するのが一般的です。２００３年以降、新卒社員の定着率が向上し、早期離職率は下がっています。

現在、入社3年以内の離職率は「５％」です（２０１６年3月に大学を卒業・就職した人が３年以内に離職した割合は32％／厚生労働省発表）。

新卒の定着率が向上した理由は、おもに「９つ」あります。

【新卒社員を組織に定着させる取り組み】

①採用部を設置して、内定者や新卒社員のフォローをしている
②採用の段階から「辞めにくい人材」を採用している
③内定者研修に力を入れている
④新入社員のトレンドに合わせて会社をつくり変える
⑤入社1年以内に人事異動をする
⑥半期に一度「ほぼ初対面の先輩」と飲む機会を設けている
⑦チームごとの目標を与える
⑧新卒社員にアンケートを実施する
⑨管理職の数を増やす

①採用部を設置して、内定者や新卒社員のフォローをしている

2001年まで、新卒採用は総務部の仕事でした。

採用活動は、「人を採ること」と「採った人をケアすること」の2つの軸があります。総務兼任時代の武蔵野は、「採ること」だけしか頭になかったため、内定者（新卒採用者）のフォローが行き届いていませんでした。離職者があとを絶たず、ようやく私も

「『ついで』ではダメ」だと気がつきました。

採用部を設置してからは、きめ細かくフォローできるようになったため、定着率が飛躍的に向上しました（現在は採用 kimete 事業部）。

②採用の段階から「辞めにくい人材」を採用している

新卒採用のノウハウが蓄積されてきた結果、ここ数年、価値観の合う人材、素直な人材、ストレス耐性のある人材、ようするに「辞めない人材」の採用に成功しています。

③内定者研修に力を入れている

入社前のギャップと入社後のギャップがなくなるため、入社後の「こんなはずではなかった」がなくなりました。

また、内定者は1カ月に3、4回、武蔵野でアルバイトをするのが決まりです。入社前から現実、現場を体験させておけば、早い段階から価値観が揃う。だから辞めません。

④新入社員のトレンドに合わせて会社をつくり変える

多くの会社は、従来の会社のやり方に新入社員を合わせようとします。

ですが、会社のやり方を押し付けられると、ストレスを感じて辞めてしまう。そこで、会社のフレームワークに新卒社員（内定者、就活生）をはめ込むのではなく、若者のトレンドに合わせて会社を少しずつつくり変えています。

残業削減の取り組みも、有休消化率向上の取り組みも、離職率を下げる一環です。

⑤入社1年以内に人事異動をする

エナジャイザーの分析結果を見ると、２０１３年度までは、「同じことをやらせないと不安になり、ストレスを感じる」というトレンドでした。

ところが、２０１４年度以降は真逆で、

「今の若い人は、同じことをやり続けると不安になり、ストレスを感じやすい」ことが明らかになっています。そこで現在は、原則的に、「新卒社員は、１年以内に人事異動」をしています。過度なストレスをかけないためです。

また、わが社に、「課長職３年定年制」のルールがあります。

嫌いな課長の下についても、「長くても３年で、あの課長は別の部署に異動になる」

ことがわかっていれば、部下は辞めずに我慢できます。

⑥半期に一度「ほぼ初対面の先輩」と飲む機会を設けている

毎月の面談のほかに、直属の上司と部下による「サシ飲み」や、ほぼ初対面の幹部社員と夢を語る「夢の共有」などを仕組み化しています。

・サシ飲み

上司は毎月、部下とマンツーマンで飲みに行く。ただし、同一人物と2カ月連続は不可とする。部下がひとりの場合は、3カ月に一度とする。

「上司と部下の信頼関係が築けていない間は、仕事の話は一切しない」のがサシ飲みのルール。2回に1回は「サシ食い」でもOK。したがって、最初は「プライベートの話」を中心に自己開示する。自分との共通の話題が見つかると、お互いの距離感が近くなる。

・夢の共有

半期に1回。「夢の共有」では、部門の異なる幹部と一般社員がサシ飲みをする。他部門のベテラン幹部が夢を語ると、一般社員のモチベーションアップにつながる。

直属の上司だと話せないことも、評価に関わらない別の部署の上司だと話すことができる。組み合わせは毎回変わる。


夢の共有は、一般社員の「昇格しても、どうなっていくのか具体的な姿が見えない」「上司には話しづらい相談がある」といった声を解決するために生まれました。

一般社員だけが夢を語るのではなく、幹部社員も「入社当時の夢」や、「これからの目標」を話すことで、一般社員に今後のライフプランを想像してもらうことができます。

夢の共有を行うと、部門・世代を超えた交流が図られ、社員間の円滑なコミュニケーションが実現します。

直属の上司では聞くことができない部下の悩みを違う角度から解消できるため、若手社員の離職防止につながっています。

⑦チームごとの目標を与える

わが社で、五月病にかかって会社を辞める新卒社員はいません。

「お世話係がフォローする」「内定時代から少しずつストレス耐性を高めている」といった理由のほかに、「チームごとに目標を与える」ことも、五月病の防止につながっています。同じ境遇の仲間同士で目標を共有することで、ストレスが軽減するからです。

入社後、ダスキン事業部に配属された新卒社員は、4月中旬から約1カ月間、「ダスキン販促キャンペーン」に参加します。

このキャンペーンは、支店対抗の「チーム戦」です。キャンペーン期間中、もっとも多く売り上げた支店には、部門賞として金一封が渡され、表彰も行います。

キャンペーンで表彰されるには、ベテランも新人も一緒になって「チーム」で結果を挙げなければなりません。人間は、みんなで同じ目標に向かっているときに、自分だけ離脱しようとは思わないものです。

キャンペーンで表彰されれば、達成感を覚えて、うれしい。うれしいから次も頑張る。

キャンペーンの結果が悪ければ、悔しい。悔しいから次こそは頑張る。

うれしさも、悔しさも、支店のみんなで味わう。だから一体感が生まれます。人間はひとりだと挫折するが、チームだと、支え合うことができます。

このキャンペーンの期間中に辞めた新卒社員は、過去にひとりもいません。

⑧新卒社員にアンケートを実施する

定期的に、内定者、または新卒社員（新卒社員を迎えてから2、3カ月後）にアンケートやヒアリングを実施しています。

「彼らが何を感じ、何を考えているのか」「何を求めているのか」を把握し、彼らの声を組織の改善に役立てています。回答は無記名で、新卒社員も本音が書けます。

⑨管理職の数を増やす

わが社は、管理職（課長職以上）が180人を超えています。全社員は280人です。

管理職を多くすれば、ひとりの管理職が持つ部下の数が少なくなるため、その分、新卒社員にも目が届きやすくなります。

社員教育に手間がかけられると、離職率を下げることが可能です。

ひとりの課長が持つ部下は、「5人」が基本です。部下のいない専門職の部長・課長もいます。

辞めていく社員も大切にするのが本当の人材戦略である

退職希望者に「辞めたこと」を後悔させない配慮をする

ここ数年、わが社の人材戦略が功を奏して、離職率は非常に低くなっています。ですが、「ゼロ」ではありません。辞めていく社員もいます（課長職以上にかぎると、過去12年以内に辞めた人は3人で、八木澤学はその内のひとり。その八木澤は復職しているので、実質2人です）。

私は「辞めていく社員も大切にする」「辞めていく社員の将来も考える」のが、本当の人材戦略だと考えています。

「**きちんと送り出す**」のが私たちの務めです。

A子さん（武蔵野に5年在籍。国立大学出身で課長）が退職を望んだのは、武蔵野が嫌いになったからではなく、「違う環境でチャレンジしたい」「今までとは違う働き方をしてみたい」からでした。

A子さんは、すでに転職先から内定が出ていました。とはいえ、私には気がかりなことがあった。それは、「大手企業に転職したからといって、必ずしもA子さんが望む働き方ができるとはかぎらないのではないか」です。

そこで私はA子さんに、次のようなアドバイスをしました。

「転職後に後悔することのないように、転職先の担当者に、もっと詳しく話を聞いてみなさい。中途採用で入社した社員が実際にどういう働き方をして、どういうキャリアアップをして、どれくらいの年収をもらっているのか、残業時間はどれくらいあるのかなど、その会社の実態を詳しく聞いておきなさい。コロナ禍の時世を考えると、転職には大きなリスクがある。それを踏まえて、もう一度しっかり考えてみてはどうか」

そして、A子さんの上司だった石橋伸介部長に、

「石橋も一緒にその会社に行って、向こうの担当者から直接話を聞いてきなさい。彼女を送り出すにふさわしい会社なのか、たしかめてきなさい」

と伝えました。

先方の担当者は、辞める会社の上司がここまでするのですかと驚かれた。

先方に問題がなければ、気持ちよく送り出す。

けれど問題があるようなら、引き止める。

それが、送り出す側の正しい姿勢です（結果的にA子さんは転職し、転職先で頑張っています）。

辞めていくからといって「無関心」ではいけない

B子さんは、入社3年目に「海外（タイ）で仕事をしたい」との思いを抱くようになりました。退職の相談を受けた私は、B子さんにこう言いました。

「武蔵野を辞めて海外に行ったあと『こんなはずじゃなかった』と後悔しないように、辞める前に一度、有休を使ってタイに視察に行ってはどうか」

「辞めようとしている人間に、有休を与える必要はないのでは」という周囲の声もありましたが、私は行かせることにしました。タイの実情を知れば、「海外で暮らすのは容易ではない。インフラも整っていない。やっぱり日本で働いたほうがいい。武蔵野に残ったほうがいい」と考えをあらためる可能性もあるのではないか、と思ったからです。

結果的に私の目論見は裏目に出ました（笑）。

帰国後、彼女は、『タイはすごくよかったです！　ますます向こうで働きたくなりました！』と目を輝かせ、武蔵野を辞めていきました。ますますタイが好きになってしまったわけです。

B子さんを引き止めることはできませんでした。けれど、社員に、

「**この会社は、辞めようとする人の将来も考える会社である**」

「**辞めていく人にもやさしい会社である**」

ことを知ってもらう機会になった。私が「どうせ辞めていくのだから、好きにすれば

いい」と無関心にふるまったら、「小山さんは冷たい人だ。そんな冷たい会社で働きたくない」と多くの社員が失望する。そして会社に対する忠誠心をなくします。そうならないように、退職後も人間関係を保てるように、気持ちよく送り出すことが大切です。

武蔵野は「出戻りOK」なのに、出戻るのが難しい理由

「人生で最大の失敗は、武蔵野を辞めたこと」

武蔵野は、「出戻りOK」です。

とはいえ、なかなか戻ってくる元社員はいない。「戻りたくても、戻れない」と感じる元社員が多いのが実情です。

戻ってこれない理由は、「社員教育に力を入れているため、社員の成長速度が速い」からです。

退職をし、別の会社で3年働いたあと、武蔵野に戻ってくると、当時の同僚や部下が自分の上司になっています。3年のブランクはじつに大きい。

辞めた社員の中には、
「人生で最大の失敗は、武蔵野を辞めたこと。戻りたいけど戻れない」
と後悔を隠さない人も多くいます。

前述した八木澤学は、戻ってきたひとりです。八木澤は、新入社員時代から「会社を辞めたい」が口癖でした（笑）。

八木澤が戻ってきたのは、私が「引き戻した」からです。

辞めた八木澤から、ある年のお正月に年賀状が届きました。在籍時は一度も届かなかったのに、です。

その年賀状を見たとき。「八木澤は武蔵野に未練がある」と察しました。そこで、当時の担当役員、西野與一（故人）と市倉裕二統括本部長に「八木澤を引き戻せ」と指示を与えた。

一度「外」を見てきた八木澤は、「武蔵野は公平で平等な会社である」「武蔵野は社員教育に投資する会社である」ことに気づき、「武蔵野の良さ」を心底理解しています。

ですから、**辞めようか悩んでいる社員がいると、八木澤にその社員と話をさせます。**

すると、かなりの確率で「辞めるのをやめる」ようになる。

八木澤は、他社と武蔵野の違いを身をもって知っていて、自分の事実を交えながら、客観的に説得できます。

出戻り社員は、二度とわがままを言わなくなる

経営サポート事業部の久保田将敬本部長も、出戻りです。

当時のことを、久保田は次のように振り返っています。

「あと先考えずに辞めたので、3カ月ほど、再就職先がまったく決まりませんでした。履歴書を40通も送ったのに、ほとんどが書類選考で落とされました。面接まで進んだのは、3社だけです。

そのうち2社は一次面接で落とされて、結局、合格をいただいた介護関係の会社（上場会社）に再就職することにしました。ところが、その会社は何もかもが武蔵野と真逆

で、私は馴染めなかった。

辞めて半年ほどたったときに、『もう一度、武蔵野に入れてもらいたい』の思いがもちあげてきました。私は辞めて『外』に出たことで、『武蔵野ほど公平で、オープンで、従業員とお客様を大事にする会社はない』ことにようやく気づいたわけです。

小山さんに連絡を取ろうと、メールを送りました。『小山さんなら、話を聞いてくれる』と甘く考えていたものの、返信はありませんでした。メールは約50通、ハガキは30通ほど書きましたが、半年たっても音沙汰なし、です。

そこで私はどうしたかというと、小山さんを待ち伏せすることにしました。

小山さんは、毎朝、ご自宅から武蔵野の幹部と一緒にタクシーで会社に向かいます。決まった時間に、決まったルートを通ることがわかっていたから、新小金井駅（武蔵野本社の最寄駅）近くの踏切を待ち伏せ場所にしました。踏切であれば、タクシーは必ず一時停止をするので、そのときに小山さんに向かって『すみませんでした！』と謝ろうと思った。

朝6時すぎ、踏切の前で待っていると、小山さんを乗せたタクシーがあらわれました。一時停止をした瞬間を見計らって、大きな声で『すみませんでした！』と謝罪をしたが……、小山さんは目も合わせてくれない（笑）。完全に無視されました。

それでも、あきらめきれなかった私は、その後もメールを送り続け、『踏切事件』からさらに3カ月ほどたったとき、ようやく小山さんからメールが届いたのです。

『わがままを言って会社を辞め、他の会社へ行っても長続きしない人はダメです。ですが、どうしてもというのなら、一度、話を聞きます』

私が再入社できるか否かは、部門長会議の評決に委ねられることになりました。課長クラスが再入社を認めたら戻れる。認めなければ戻れない。

自業自得とはいえ、かつての仲間の目がこれほど痛いとは思いませんでした。私の甘い考えに腹を立てた人も多かったはずです。それでもありがたいことに再入社が認められ、契約社員からやり直すことができた。

その後、小山さんから『誓約書を持ってきなさい』と言われたので、『二度とわがまま言って会社を辞めません　代表取締役　小山昇殿』と書いた誓約書を提出したところ、小山さんから『バカ！　俺あての誓約書じゃない。奥さんあて。その誓約書を奥さんに出しなさい』と一喝されました（笑）。

ちなみに誓約書は、今も妻が保管しています。私が家庭を顧みないでいると、妻が『ここに座りなさい。そしてこれを音読しなさい』と言って、あのときの誓約書を出してきます（笑）。

小山さんにも、妻にも、一生頭が上がりません」（久保田将敬）

やる気をなくした中高年社員を奮起させる方法

同等の力を持っている人同士で組織をつくる

わが社は、**「実力の近い社員同士」で組織を編成**しています。同等の力を持っている人同士で組織を構成したほうが、切磋琢磨しやすいからです。

多くの社長は、「仕事ができない部下と優秀な上司を組み合わせたほうが、部下は成長する」と考えますが、それは間違いです。

実力差がありすぎると、優秀な社員もそうでない社員もやる気をなくします。「優秀な社員同士」「仕事ができない社員同士」で組織をつくったほうが、組織は活性化します。

大相撲の番付を例に考えると、わかりやすいと思います。横綱と序二段が同じ土俵で相撲を取ったら、序二段はいっこうに勝てないから、戦意を失う。一方で横綱にとって序二段は脅威ではないため、甘えが生じる。

しかし、序二段同士なら勝てるかもしれない。だから頑張る。

横綱同士なら気が抜けない。だから頑張る。

営業所も、A評価以上の社員を集めた営業所と、B評価・C評価の社員を集めた営業所に振り分けています。

人事評価は相対評価で、「自分も頑張ればA評価を獲れるかもしれない」と希望を持ち、一所懸命、仕事に打ち込みます。

「おやじの桃源郷」をつくって、中高年を戦力化

社内に「優秀な若手社員」と、「やる気を失った中高年社員」がいたら、「**若手社員同士**」「**中高年社員同士**」で**組織編成**をするのもひとつの手です。

優秀な若手社員と、やる気を失った中高年社員を同一組織にすると、若手も中高年も

違和感を覚えるだけです。

高石自動車スクール（大阪府／自動車教習所）の藤井康弘社長は、中高年社員の奮起をうながすために、「おじさんチーム」を編成して、成果を挙げています。

「最低年齢50歳、最高年齢63歳の課をつくりました。メンバーは10人です。最初はなかなか機能しなかったが、環境整備（朝一番の清掃活動）が定着するにしたがって、少しずつ自信を取り戻したようですね。『俺ら、中年の星や。若いもんには負けへんぞ』とはしゃいでいましたから（笑）。私は彼らの部署を『おやじの桃源郷』と呼んでいます（笑）。

断られることを承知で、若手社員が『経営計画発表会の懇親パーティーで余興のダンスを踊ってもらえませんか？』と頼みにいったことがあります。50歳を超えていれば、人前で踊るのはさすがに恥ずかしいと思うものです。ところが、桃源郷のメンバーは承諾。当日は、西城秀樹の『YOUNG MAN（ヤングマン）』を全力で踊り切りました。オールドマンの彼らが『ヤングマン』を踊る姿が面白すぎて（笑）、来賓の方々も大爆笑です。

後日、銀行の法人営業部長から『私と同じぐらいの年齢のおじさんたちが一所懸命踊っているのを見て、元気が出た』というコメントをいただきました。

『ヤングマン』以降、おじさんたちの連帯感、一体感はますます醸成された印象です。おじさんたちは、そもそもキャリアも実績もあるわけですから、その気になれば、若手にも負けない。今では、桃源郷の10人が当教習所の主力ですね」（藤井康弘社長）

参考図書に『人が集まる自動車学校のすごいカイゼン』（藤井康弘著・あさ出版）があります。

武蔵野に退職金がないのは、社員の将来のため

定年退職が近づいてくると、働く意欲やモチベーションが続かなくなることがあります。定年退職の年齢が60歳とすると、普通の会社の社員は、58歳ぐらいから仕事をやらなくなります。

ところが、わが社の定年間際の社員は人一倍頑張っています。理由は「退職金制度がない」からです。

退職金制度がないかわり、嘱託社員（正社員とは異なる契約によって勤務する非正規雇用）としての再雇用制度があります。

私は、「退職金を支払って雇用関係を終わりにする」のではなく、「**退職金は払わないけれど再雇用する**」ほうが、社員の経済的な安定につながると考えています。

退職金という一時金をもらうより、「定年後も働ける会社にするほうが社員は喜ぶ」が私の持論です。

わかりやすく言うと、500万円の年収がある人が、定年退職時に1000万円の退職金をもらっても、2年分にしかならない。

ところが、嘱託社員として再雇用すれば、年収は下がったとしても、2年以上働くことができます。

それに、定年退職後に家でブラブラするよりも、仕事をしていたほうが、本人も充実した毎日を送れます。

再雇用制度があるからといって、誰もが嘱託社員になれるわけではありません。

経営計画書には、

「**本人と会社の希望が合致するときは、等級嘱託として働くことができる**」

と明記しています。

再雇用してもらうには、会社に「希望」してもらわなければなりません。つまり「あなたの力が必要だから、定年後も働いてもらえませんか？」と会社からの依頼がなければ、本人がどれほど望んでも再雇用はかないません。

では、「あなたの力が必要だから」と会社（小山）に言われるには、どうしたらいいと思いますか？

定年まで、頑張るしかない。

定年間際にやる気を失うと再雇用が危うくなりますから、社員は60歳まで目一杯頑張ります。

無事に再雇用されても、安心してはいられない。嘱託社員は「1年ごとの契約」です。嘱託を継続するには、戦力であり続けなければならないため、わが社の社員は、何歳になっても手が抜けない。

古参社員の大﨑寿行は、入社して25年以上、やる気を見せなかった（笑）。ところが、定年間際になって、「60歳の定年までに課長にならないと再雇用してもらえないのでは」と勘違いをして、急にやる気を出し、課長に昇進しました。

再雇用制度は、古参社員のモチベーションを上げる仕組みです。

「居る気の社員」がいたほうが、組織はまとまりやすい

どの会社でも、「やる気の社員」と、「居る気の社員」がいます。

「居る気の社員」は、余計な仕事をせず、最低限の給料をもらえれば満足する「万年ヒラ社員」「万年ビリ社員」です。

多くの社長は、居る気の社員に否定的で、「しっかり働いてほしい」「やる気がないなら辞めてほしい」と考えます。

ですが私は、

「**居る気の社員の存在が組織を強くする**」

と考えています。居る気の社員は、やる気の社員の「踏み台」になるからです。

居る気の社員をクビにすると、頑張っている他の社員がビリになり、頑張っている社員のモチベーションが下がります。ですが、居る気の社員が踏み台になれば、安心できる。わが社にとって、「踏み台」の言葉は、決して社員を卑下するものではありませ

ん。踏み台の存在が、組織をまとめる要（かなめ）となっています。

働き方は人それぞれです。自分に合った働き方をすればいい。

武蔵野は、「頑張った人には頑張っただけ」「頑張らなかった人には、頑張らなかっただけ」差をつけるのがルールです。

それを百も承知の上で、「居る気でいい」と決めたのであれば、それでいい。私は居る気の社員を辞めさせることはありません。

ところが、人間の心理はおもしろいもので、「あなたは、そのままでいい。やる気を出さなくていい。みんなの踏み台でいてください」

と言うと、やる気を出しはじめる（笑）。

「やれ」と言っても「やらない」のに、「やるな」と言うと「やる」のが人間の心理です。

前述した大﨑寿行のあとに、「踏み台」社員、境幸二も16年で「踏み台」を卒業して課長になった。居る気の社員も少しずつ頑張るようになります。

第5章

人にやさしい職場のつくり方

会社の命令で強制的に有給休暇を取らせる

有休消化率を「100%」にしてはいけない

労働基準法が改正され、経営者は、法定の年次有給休暇付与日数が「10日以上」のすべての労働者に対し、「毎年5日間」、時季を指定して年次有給休暇を確実に取得させる必要があります（2019年4月施行）。

この法改正にともない、経営計画書に「有休消化日」（会社指定の休日）を記載し、強制的に有給休暇を取らせています（有給消化日は全社員が一斉に有休を取る）。

56期の有休消化率は、「70%」です。57期は「80%」で進行中です。

厚生労働省の「就労条件総合調査」によると、2018年の有給休暇取得率は「52・

4%」。武蔵野は一般的な企業よりも「有給休暇が取りやすい会社」だといえます。

新卒社員は入社半年後から有給休暇の取得権利が発生します（半年たっていない社員には、有給休暇は与えなくてもいい）。そこで、入社半年までは、「特別休暇」の名目で、実質的な有給休暇を与えています。

「有休消化日」の指定は、年間11日間です。残りの有給休暇は、社員が好きなときに取得できます。

100%を強制的に取らせると、病気などの際に有休が使えなくなるから、**有休消化率が「80%」になるように指定**をしています。

課長職以上は、連続して9日間の長期休暇

わが社は、長期休暇制度があります。夏休み、年末年始休暇、ゴールデンウィークのほかに、課長職以上は、月末・月初に連続9日間の有給休暇を取らなければいけない決まりです（一般社員は5日間の連続休暇）。

長期休暇中に会社で仕事をすると、「始末書」（始末書2枚で賞与半額）です。

長期休暇の日程は、社員が自分で決めるのではなく、会社（総務）が決めています。経営計画書の事業年度計画（スケジュール欄）には、課長職以上の長期休暇があらかじめ記載されてあります。

長期休暇は「①社員の成長」「②プライベートの充実」「③社内コミュニケーションの円滑化」の３つの側面で効果が期待できます。

①社員の成長

月末・月初はどの現場も忙しいので、抜けた穴を誰かが補わなければいけません。部長が休めば課長が、課長が休めば一般社員が課長の代わりをすると、ダブルキャスト（同じ役をこなせる人が２人以上いること）が実現します。

休暇を取得する管理職は、「自分がいなくても仕事が回る」ように指導をするし、部下も、「上司の休暇中は自分が代理を務める」ことを自覚して仕事をするようになる。長期休暇は、人材育成のまたとないチャンスです。

②プライベートの充実

社員は職責が上がるほど、家庭を顧みずに仕事をするようになります。しかし、家庭がうまくいっていなければ、仕事で成果を出すこともできません。既婚者にとっては、第一に「家族を考える」ことが重要です。家族との時間を増やす上で、長期休暇は必要です。

③社内コミュニケーションの円滑化

強制的に休暇を取らせることで、「俺がいなければこの会社は成り立たない」という意識過剰なモンスター社員の出現を防ぐことができます。「俺がいなくても、会社はいつもと変わらずに機能する」ことが明白になるからです。

また、会社が決めた日程（経営計画書に明記された休暇の日程）だとどうしても都合が悪いときは、別の社員と代わってもらってもかまいません。

代わってもらうためには、普段から、「表面上だけでも、仲良くしておく」必要があります。仲が悪かったら代わってもらえないからです。

パートを戦力化する7つのポイント

パートを「社員の手足」や「使い捨ての駒」と考えてはいけない

これからの時代は、正社員だけでなく、パートやアルバイトに関しても企業間で人材格差が生まれます。

「パートを公平に、平等に評価する会社」に人材が集中し、パートを「社員の手足」や「使い捨ての駒」としか考えない会社は、競争力を失います。

私は何年も前から、非正規雇用者の待遇改善に取り組んでいます。わが社にとってパートは貴重な戦力であり、パートの雇用環境の整備が会社の成長につながることがわかっていたからです。

経済が右肩下がりの時代でも成長を続けていくには、「パートを大切にして、戦力化する」ことが不可欠です。
パートを戦力化するためのポイントは、次の「7つ」です。

【パート戦力化7つのポイント】

①時給を高くして、短時間働いていただく
②パートにも社員と同じレベルの仕事を与える
③パートにも自部門の実行計画を立てさせる
④パート全員にiPadを貸与する
⑤有給休暇をパート自身に管理させる
⑥パート課長をつくる
⑦パートにも新人採用の決定権を与える

①時給を高くして、短時間働いていただく

パートの雇用に関しては、「時給を高くして、短時間働いていただく」のが私の基本

方針です。

多くの社長は、「パートの給与を高くすると、人件費が損をする」と考え、安い時給で雇おうとします。

ですが私は、そうは思いません。「パートの給与を高くすると、会社は得をする」と考えています。データポータルで一人ひとりの生産性などが可視化されています。

「高時給・短時間労働のメリット」は、次の3つです。

(1)パートが採用しやすく、辞めにくい

職務内容・勤務時間帯・職責に応じた給与を払っているため、他の企業よりも条件がいい。だからパートが集まります。

パートの給与は、時給制です。ですが、「一律給与を基本として、勤続期間に応じて昇給させる」わけではありません。

給与水準が一律だと、頑張っているパートとそうでないパートの間で不公平感が生まれます。そして不公平感は離職の原因につながります。

そこでわが社は、困難な仕事や専門性が要求される仕事をしている人と、補助的な箇

易労働をしている人とでは、昇給幅（時給）に差をつけています。だから「結果を出しているパート」が辞めません。

(2)募集費用、教育費用の削減につながる

人が辞めると、あらたにパートを採用するための募集費用がかかります。また、新人パートを一から教育するには、教育・研修費が余計にかかります。

時給を高くしても人が辞めなければ、採用コストや引き継ぎによる機会損失を防ぐことができます。

(3)パートが子育てに時間を使える

「子育てが終わるまでは、子ども最優先」が私の基本的な考え方です。経営計画書に1に子育て、2に子育て、3、4が無くて5に子育て、と記載しています。子どもが帰ってくる時間には、家にいてあげるのが「母親の理想」と思っています。

「高い時給で短く働いてもらう」ようにすれば、子育てに使える時間が増えるから、家庭を犠牲にすることがありません。

五十嵐理恵は、かつて正社員でした（夫も社員）。出産を機に一度武蔵野を離れ、現在は、営業サポート部門のパートとして、育児と仕事の両立を実現しています。営業サポート部門は女性中心の部門で、「子育て」を優先しています。

五十嵐も「自分と同じ環境、同じ境遇の主婦が多いので、相談しやすい」と感じています。

「子育てのことだったり、家庭のことだったり、とても相談しやすい職場です。子どもが熱を出して仕事を休まなければいけないときでも、誰ひとり不機嫌な顔をしません。子どもがいる母親は、お互いさまだからです。

武蔵野は、パートでダブルキャスト、トリプルキャストが実現しているため、急に休むことになっても、仕事が滞りません。子どもに何かあっても融通がきくので、安心して働くことができます」（五十嵐理恵）

②パートも社員と同じレベルの仕事を与える

パートにも、社員と同じレベルの仕事を要求しています。

正社員も、パートも、アルバイトも、お客様から見れば、同じ「武蔵野のスタッフ」

で、パートだからといって「レベルが低くても許される」わけではない。

普通の会社なら、パートと社員には一線を引かれますが、武蔵野はそれがありません。パートと社員の違いは、雇用形態だけです。パートでも社員でも、分け隔てなく力を発揮できる環境があります。

③パートも自部門の実行計画を立てさせる

わが社のパートは、積極的に経営に参画しています。

年2回（半期に1度）開催する「社内アセスメント」には、パートが自主的に参加して、実行計画（次の半期の計画）を社員と一緒に考えています。真実は現場にしかないから、現場でじかにお客様と接しているパートの声を拾い上げなくては、業務改善は実現しません。

④パート全員にiPadを貸与する

社員だけでなく、パート・アルバイトにもタブレット端末（iPadやiPad mini）を2012年幹部、2013年社員・パート・アルバイトに800台以上を貸与しています。

iPad の導入によって、

・業務効率が上がって残業時間が減る。

・「ガラケー」しか持ったことがなかったパートが多くのアプリを使うようになり、コミュニケーションが密になる。

といった効果が期待できます。

⑤有給休暇をパート自身に管理させる

これまでは、有給休暇を上司が管理していました。現在は、給与明細に消化日数などを明記しています。つまり、パート・アルバイトが自らの有休を把握・管理できる仕組みです。有給休暇がきちんと取得できることがパートの満足度にもつながっています。

⑥パート課長をつくる

わが社は、パートでも社員でも、昇格に一切の差をつけずに登用しています。ですから、社員よりも優秀な「パート課長」がいます。社員の部下もいます。

評価されることにやりがいを感じるパートを上長に抜擢すると、力を発揮します。

２０２０年、営業サポート沖野祐美が２人目のパート部長に昇進しました。

⑦パートにも新人採用の決定権を与える

わが社は、パートに新人採用の決定権を与えています。

新しいパートを採用するときは、「働きはじめて2週間以内に、職場の人たちの半数以上が『あなたと一緒に働きたくない』と言ったら、辞めていただきます」と説明しています。

「パートの50％以上の賛同を得てから採用する」のが、経営計画書に明記されたルールです。

２週間は、法的に認められた試用期間であり、試用期間内であれば解雇予告が不要です。従業員の解雇は、基本的に、「30日前に予告をするか、30日分以上の平均賃金（解雇予告手当）を支払う」必要がありますが、試用期間中のパートには適用されません。

新しく入ってきたパートは、職場の人たちから嫌われないように言動に気をつけるので、いじめや嫌がらせが起きません。

部下のプライベートに踏み込むことは、部下を守ることである

プライベートと仕事を切り離してはいけない

「社員のプライベートには、踏み込むべきではない」「若手社員はプライベートに踏み込まれるのを嫌うので、干渉してはいけない」という論調を耳にします。

本当にそうでしょうか。

一般社団法人・日本能率協会は、新入社員意識調査（2019年度）において、新入社員と上司それぞれに「（新入社員にとって）理想的と思うのはどのような上司か」の質問をしています。

「部下のプライベートな相談にも応じることが理想の上司の条件」と回答したのは、上

司側は4・6％。部下側は18・2％でした。

上司は「部下のプライベートに踏み込まないほうがいい」と考えています。しかし当の部下は、上司が思っているほど、「プライベートについて話をすることが嫌ではない」という結果が出ています。

私は、「相手が許す範囲」であることを前提に、**できるだけ社員のプライベートに踏み込むべき**だと考えています。なぜなら、プライベートと仕事は切り離せないからです。「社員のプライベートには口を挟まない」と傍観者になるのは、社員のメンタルケアを怠っているのと同じです。公私ともに社員を支援、応援するのが、中小企業の社長（上司）の役割です。

武蔵野の「経営計画書」には、次のように明記されています。

「飲み会では、仕事だけでなく、プライベートのことや悩みなども聞く。とくに、部下の金銭にかかわる相談事は、社長に報告する」

はじめて課長になった社員を対象に、「実践新任幹部塾」への参加を義務付けています。

実践新任幹部塾には「**サシ飲み研修**」があります。日本全国にあるさまざまな幹部研修の中で、「飲み会（サシ飲み）」のやり方をここまで具体的に伝授するセミナーは、「実践新任幹部塾」だけだと思います。

「上司と部下の信頼関係が築けていない間は、仕事の話は一切しない」がサシ飲みのルールです。

したがって最初は、家族、友人などの情報、趣味、経験したアルバイト、特技など、「プライベートの話」を中心に「上司から」自己開示をする。上司から先に話すのは「部下の心を開きやすくするため」の工夫です。

プライベートに悩みを抱える社員は、仕事もうまくいかない

社員が今、どのような問題を抱えているのかを知ることができれば、社員の心の健康を守ることもできます。

プライベートに悩みを抱えている社員は、仕事も絶対にうまくいきません。私は、興

味本位で社員のプライベートを知りたいわけではありません。**社員のプライベートに関与するのは、それが「社員を守ること」だからです。**

社長は、社員のプライベートに関心を持つ。「子どもが生まれる」と聞けば、その社員の給料のことや、今後の生活のことを考えるし、「サラ金から借金をしている」と知れば、解決の方法を指示する。彼らの私生活の悩みまで共有し、親身になって解決する必要があります。

ダスキンホームサービス事業部の石橋伸介部長は、「部下のプライベートがわかっているか、いないかによって、モチベーションの与え方が変わる」と話しています。

「たとえば、『子どもの進学でお金が必要である』ことがわかれば、『子どもの学費』を仕事の原動力にできます。年収を上げるためにはどうしたらいいか、評価を上げるためには何をしなければいけないか、管理職になるためには何が足りないか、とアドバイスも可能です。

けれど、プライベートがわからなければ、何をどうアドバイスしていいのかわからないため、部下の成長に手を貸すことが難しくなります」（石橋伸介）

社内結婚をすると、家庭も仕事もうまくいく

価値観が揃っている者同士が結婚すると、うまくいく

以前、ある経営者から、こんな質問をいただきました。

「武蔵野さんは社内結婚が多く、小山社長も社内結婚を奨励されていると聞きました。私の会社では、社内恋愛や社内結婚については触れないようにしてきたので、小山社長の考えに大変驚いていています。社内結婚を奨励する理由を教えていただけますか？」

わが社は、社内結婚がとても多い会社です。職責上位１００人中36人の社員が社内結

婚です。内定期間中に恋愛に発展し、入社後に結婚する社員もいます。

私は、社内結婚を奨励しています。

社内結婚は、夫と妻の双方が職場のルールや文化を把握しているため、お互いの価値観が揃い、家庭円満のもとになります。妻が夫の会社のことをよく知っていると内助の功が的確になり、夫は安心して仕事に没頭できます。

家庭の状態がよくなれば、仕事のモチベーションもパフォーマンスも上がります。

実際に社内結婚をした社員は、次のようなメリットを感じています。

【女性側（妻）の意見】

・共通の話題が多くなって、話が盛り上がる。社内結婚でなかったら「何の話題があるんだ」という感じ（笑）。
・社内結婚同士、家族ぐるみのつき合いが増える。
・旦那さんが飲み会や出張に「行かなきゃいけない」のが理解できる。「あの人の誘いだったら、断れないいな」みたいな（笑）。

・「小山さん」という味方がいるのも大きい。旦那さんが結婚記念日を忘れても、小山さんからはハガキが届くので（笑）。
・子ども社内見学会など、家族ぐるみで会社のイベントに参加しやすい。
・何かあったときに、まわりの先輩に相談できる。
・社内の女性に手を出したらすぐバレるので、旦那さんが悪さをできない（笑）。
・産休・育休・復職の仕組みもしっかりしているので、働きたい女性にはとてもおすすめ。

【男性側（夫）の意見】

・「なぜ帰りが遅くなったのか」をいちいち説明しなくてもわかってもらえる。
・共通言語を持っているので、仕事への理解がある。
・小山さんからいただいた結婚式の祝電に「賞与の半額は部下のために使えるように、奥さんは旦那に渡してください」と書いてあったので、とてもありがたい（笑）。
・奥さんよりも評価が低いとカッコが悪いので（笑）、嫌々ながらしかたなく頑張るようになる。

・小山さんが夫婦喧嘩の仲裁までしてくれるため（笑）、離婚せずにすむ。

家族に支えられているからこそ、いい仕事ができる

社内結婚ではない場合、わが社の男性社員が、社外の女性と結婚した場合は、奥様に「武蔵野がどういう会社か」をよく知っていただくことが大切です。**奥様の協力なくして、いい仕事はできません。**

そこで私は、部長職以上の夫婦と順番に食事をしています。会社や夫に対する奥様の疑問、不安、不満を受け止め、解消することが目的です（会食には私の妻も同席し、子育てなどのアドバイスをしています）。

また、2020年5月に開催したオンラインによる「経営計画発表会」も、ご家族の方々に武蔵野を知っていただく好機となりました。

毎年5月（期首）に、経営計画発表会を開催しています。経営計画発表会は、当社の期首に今期1年間の方針を発表する会です。

例年は、都内のホテルにて、来賓（取引銀行、取引先企業など）をお迎えして実施していますが、今回は新型コロナウイルスへの感染防止の観点から、初のオンライン開催となりました。

オンラインは定員がなく、**「社員が家族と一緒に、自宅で配信を見る」**ことができます。

したがって、「コロナ禍を受けて、小山昇が武蔵野をどのように変えていくか」をご家族の方にもご理解いただける機会となりました。

ある企業に勤める社員から、こんな質問をいただいたこともありました。

「結婚当初に思い描いていた家庭と現実が違ってきてしまい、家に帰っても落ち着かず、休日も『出社する』と嘘をついて外出したくなってしまいます。そのためか、仕事にも身が入らずミスも増えています。どうしたらいいでしょうか？」

「家庭のことを仕事に持ち込まない」のは社会人としての基本です。とはいえ、家族仲を健全に保てないあまり、仕事のパフォーマンスが下がってしまうことはたしかにあります。

そうならないためには、

「家族を優先する時間」

「家族とのコミュニケーションを取る時間」

を意識的につくることが大切です。

家族に支えられているからこそ、いい仕事ができる。

家庭の平安があって、充実した仕事ができる

子どもたちに「親の仕事現場」を体験させる

昔の日本は、農家や商店などの個人事業主が多く、子どもは親が汗水たらして働く姿を見て育ちました。子どもが家業を手伝うことも珍しくなく、「親が一所懸命仕事をし、お金を稼いでいるから、自分たちも生活ができる」「お金を稼ぐことは簡単なことではない」ことを体験として知っていました。

ですが、今の子どもには、「給料＝親が頑張った対価」の意識が希薄になっています。子どもにとってお給料は「父さん（お母さん）が働いてもらってくるもの」より、「お

母さんが銀行のATMから引き出してくるもの」に変わっています。

わが社は、年に3回、「**子ども会社見学会**」を実施しています。実際に親の仕事現場を見学し、体験することで（経営理念の唱和や環境整備、モップ交換などを体験）。親の仕事への理解が進み、お父さんとお母さんへの感謝の気持ちを育てることにつながります。

見学会の最後に、子どもたちには、お父さん、お母さんへメッセージを書いてもらいます。色画用紙に自由にメッセージや絵を書き、さらにシールを貼ったりと、夢中になって作製したメッセージカードを親にプレゼントします。

子どもたちは、素直な気持ちで「いつもありがとう」と書く。子どもから感謝されると、親は格別な満足感を覚える。だから、「これからも頑張ろう」と思います。

家族に尻を叩かれると、駄馬でも走る

小さなことをたくさんほめる仕組みとして、「**サンクスカード**」を取り入れています。

サンクスカードは、

「○○さん、忙しいのに、手伝ってくれてありがとう」

「○○さん、いろいろ教えてくれてありがとうございます」

「○○さん、キャンペーンでいい結果を出してくれて、ありがとうございます」

と、小さな感謝を伝える仕組みです。

現在はサンクスカードアプリを使用しています。パート・アルバイトは月5枚以上、1・2G社員は10枚、課長以上は20枚を目標としています。

私は、サンクスカードアプリのほかに、サンクスカードをハガキに貼って、社員の自宅や実家に郵送しています。

どうして郵送するのかというと、社員は、「自分がほめられたこと」を家族に言わないからです。

郵送すれば、本人よりも先に、家族がハガキに目を通します。すると、奥さんは、「うちのダンナ、頑張っているな」とやさしくなり、そのあとで、「これからも社長にほめてもらえるように、頑張ってもらわなくちゃ」とダンナの尻を叩きます（笑）。子どもも、父親の頑張りに感謝するようになります。

サンクスカード以外にも、社員に叱咤激励をするとき、社員の誕生日時に、手書きのハガキを送っています。

結婚している社員は、配偶者（奥さん）の誕生日と結婚記念日にも送ります。社員のもとには、合計4回、私からのハガキが届くことになります。

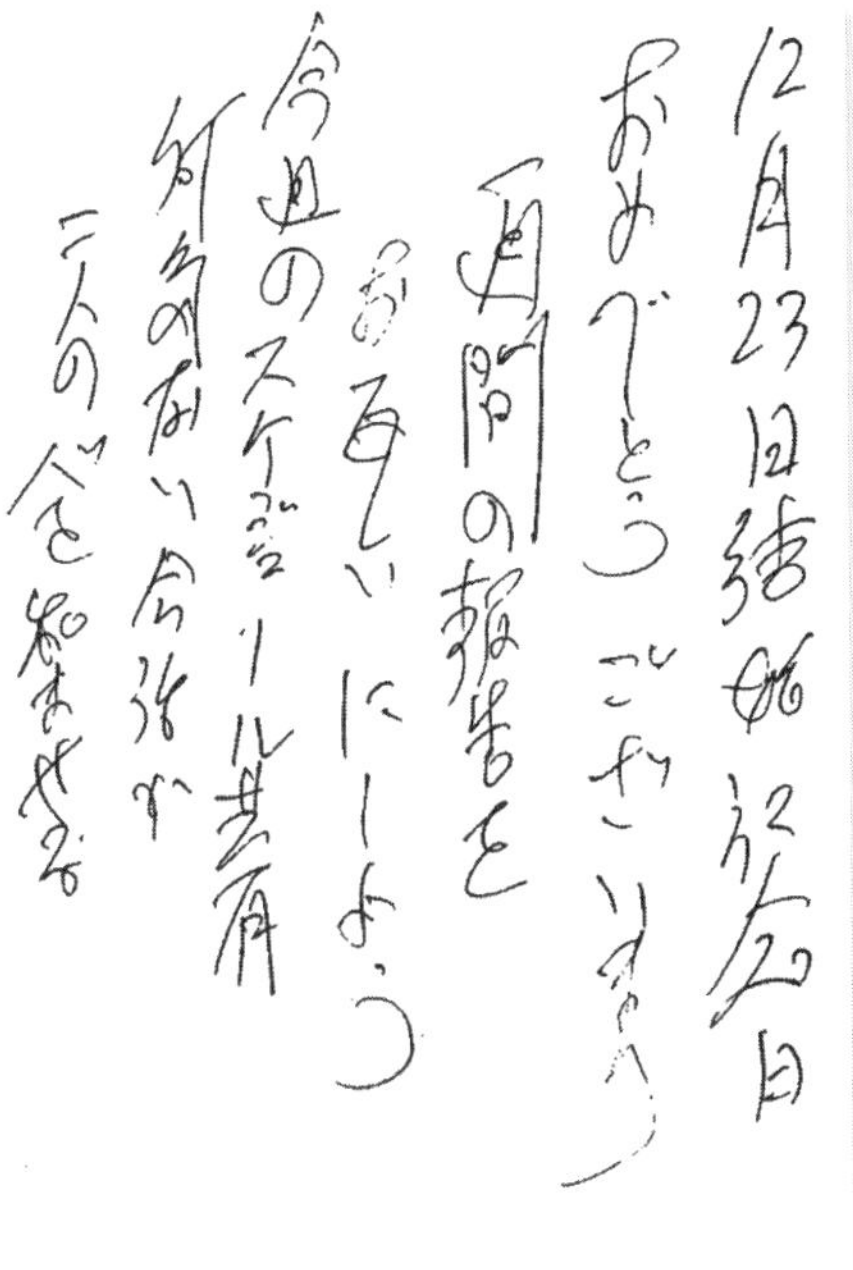

12月23日結婚記念日
おめでとうございます
お互いにしよう
今週のスケジュール共有

クリーンサービス事業部の国分寺支店ホームサービス西エリアの店長（当時）遠田優貴には、次のように書いたハガキを送りました。

「能力があって課長になった。
上から目線では、部下は動かない。
今回、平社員に更迭です。
能力は評価しない。結果を評価する。
東センターでA評価でまた、課長に戻します。
ただし、2年以内。
櫻井店長に素直になれるかが、カギ。
75％が復帰、25％がヒラです」

このハガキを読んだ奥さんは、当然、黙っていません。奥さんにハッパをかけられた社員は、ひとりの例外なく、心を入れ替えて走りだすようになります（笑）。

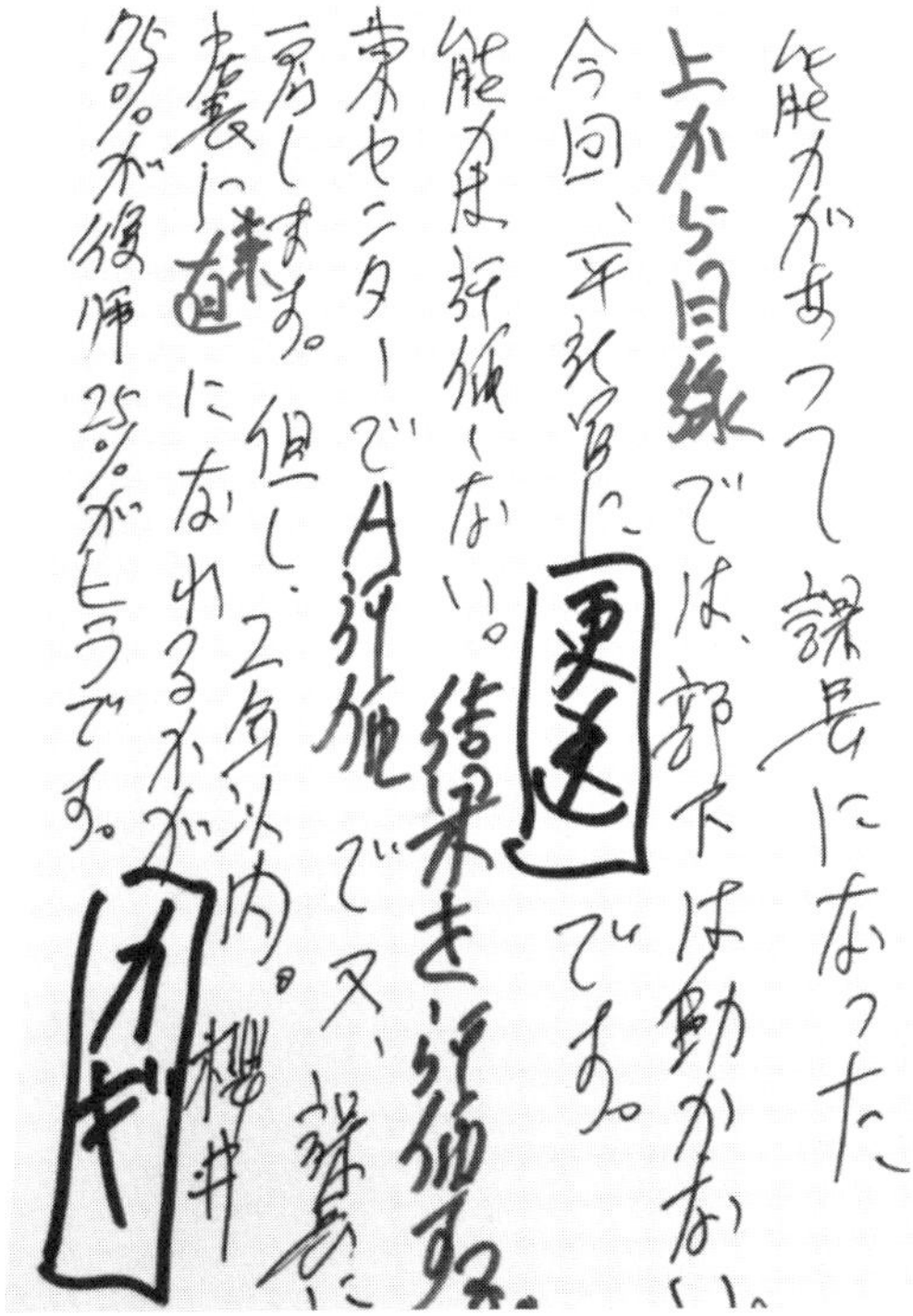
能力がなくて課長になった
上から目線では、部下は動かない。
今回、平社員に更迭です。
能力は評価しない。結果を評価する。
某センターでA評価で又、課長に
昇格します。但し、2年以内。
課長に素直になれるかが
75%が復帰 25%がヒラです。
カギ
櫻井

わが社が賞与を手渡しする理由

私は、「**家庭の平安あって、充実した仕事ができる**」と考えています。会社がどれほど儲かっても、社員（社長）の家庭が幸せでなければ、意味がない。

クリーンサービス事業本部の部長、松渕史郎も、「家族の応援があってこそ、仕事も頑張れる」と実感しています。

「私は娘が3人いて、女性4人のハーレムです。男性は私ひとり。私の味方は犬だけ、というさみしい状況です（笑）。

武蔵野は驚くほどIT化が進んでいますが、**賞与だけはいまだに手渡しです。**手渡しにしているのは、社員に対して、そして社員の家族に対して『お金の大切さ』を体感させる小山の計らいです。

小山からいただいた賞与を、今度は私が妻に手渡しをします。妻が『ありがとうございます』と言って私に頭を下げるところを子どもたちも見ています。私は普段、寝てばかりのダメおやじなのですが（笑）、賞与支給日のときだけでは、父親の面目が保てますね。

あるとき、小山に『今度、子どもの運動会があるのですが、その日は政策勉強会も開催されます。運動会は断るべきでしょうか』と相談したことがあります。すると小山は、『家庭がいちばん。運動会が優先。運動会にポーンと行って、勉強会にピーンと戻ってくればいい』と言ってくれました。

私がかろうじて、妻や子どもに対して『一家の大黒柱』でいられるのは（笑）、間違いなく、小山のおかげです」（松渕史郎）

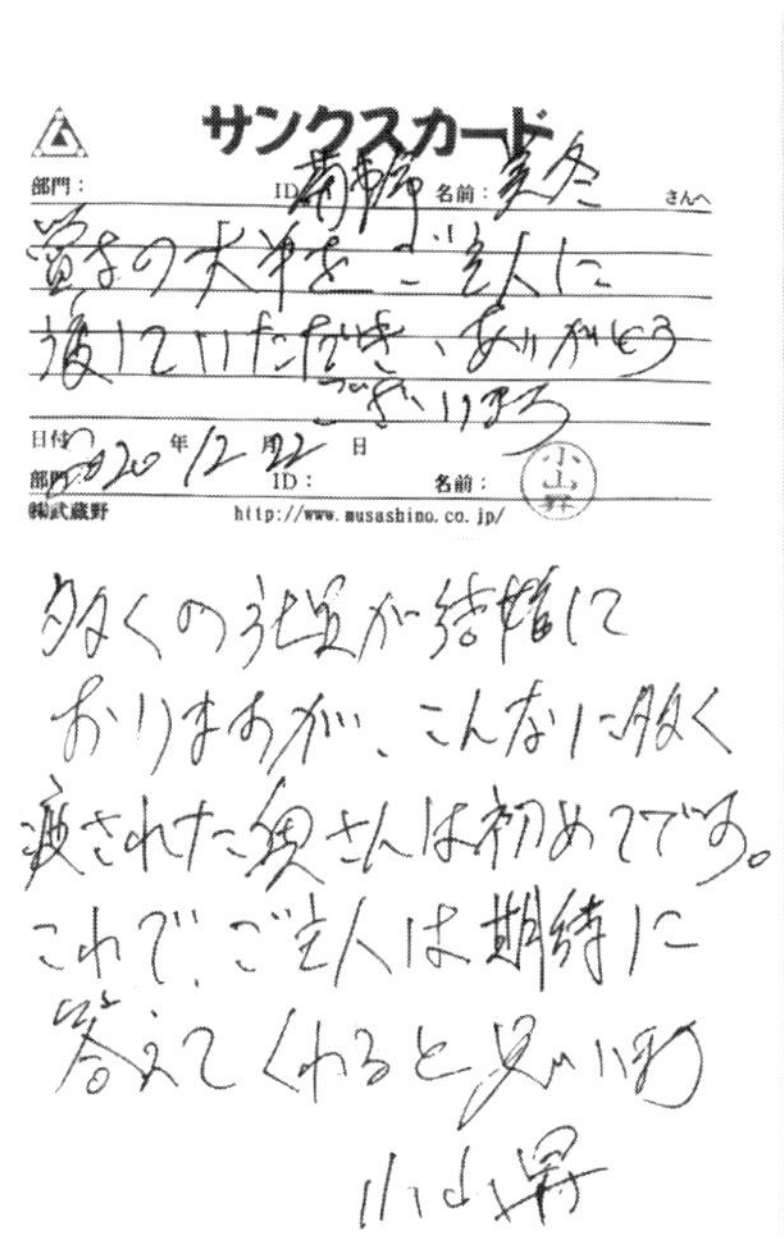

小山 昇（こやま・のぼる）

1948年山梨県生まれ。東京経済大学を卒業し、日本サービスマーチャンダイザー株式会社(現在の株式会社武蔵野)に入社。

一時期、独立して株式会社ベリーを経営していたが、1987年に株式会社武蔵野に復帰。1989年より社長に就任して現在に至る。

2001年から同社の経営の仕組みを紹介する「経営サポート事業」を展開。全国各地で年間240回の講演・セミナーを開催している。

1999年度「電子メッセージング協議会会長賞」、2001年度「経済産業大臣賞」、2004年度、経済産業省が推進する「IT経営百選最優秀賞」をそれぞれ受賞。

2000年、2010年には「日本経営品質賞」を受賞している。著書多数。

社長、採用と即戦力の育成はこうしなさい!

2021年3月1日　第1刷発行

著者　小山 昇
発行者　長坂嘉昭
発行所　株式会社プレジデント社
〒102-8641　東京都千代田区平河町2-16-1 平河町森タワー13F
電話　編集03-3237-3737
販売03-3237-3731
編集　濱村眞哉
編集協力　藤吉 豊
販売　桂木栄一　高橋 徹　川井田美景　森田 巌　末吉秀樹
装丁　井上新八
本文デザイン・DTP　高橋明香
制作　小池 哉
印刷・製本　文唱堂印刷株式会社

ISBN978-4-8334-5173-4　Printed in Japan